中国少数民族人口丛书

黎族

翟振武 主编

亚 根/编著

中国人口出版社
China Population Publishing House
全国百佳出版单位

图书在版编目（CIP）数据

黎族/亚根编著．—北京：中国人口出版社，
2014.8(2022.7重印)
(中国少数民族人口丛书)
ISBN 978-7-5101-1519-6

Ⅰ.①黎… Ⅱ.①亚… Ⅲ.①黎族－民族文化－中国
Ⅳ.①K288.1

中国版本图书馆 CIP 数据核字（2012）第 288331 号

中国少数民族人口丛书 黎族
ZHONGGUO SHAOSHU MINZU RENKOU CONGSHU LIZU
翟振武 主编 亚 根 编著

责任编辑 曾迎新
美术编辑 刘海刚
责任印制 林 鑫 王艳如
出版发行 中国人口出版社
印 刷 北京兴星伟业印刷有限公司
开 本 710 毫米 ×1000 毫米 1/16
印 张 11.5 插 1
字 数 156 千字
版 次 2014 年 8 月第 1 版
印 次 2022 年 7 月第 2 次印刷
书 号 ISBN 978-7-5101-1519-6
定 价 45.00 元

网 址 www.rkcbs.com.cn
电子信箱 rkcbs@126.com
总编室电话 (010) 83519392
发行部电话 (010) 83510481
传 真 (010) 83538190
地 址 北京市西城区广安门南街 80 号中加大厦
邮 编 100054

序

如果把一个民族比作一颗星星，那我们就是生活在一个繁星满天的世界。当今世界上有约 3000 个民族，分布在 200 多个国家和地区，绝大多数国家由多个民族组成。中国也是同样，是由各族人民共同缔造的统一的多民族国家。在漫漫的历史长河中，生活在中华大地上的各族人民密切往来、交流融合、团结奋斗、休戚与共，形成了一个伟大的强盛的中华民族大家庭，共同开发了祖国的美好河山，共同推动了国家的发展和社会的进步。

在中华民族的大家庭中，有 56 个成员，其中有 55 个是少数民族。新中国成立以来，少数民族人口一直持续增长。1953 年第一次全国人口普查时，少数民族人口总数为 3532 万人，占全国总人口的 6.1%。2010 年进行第六次全国人口普查时，少数民族人口总量达到了 1.14 亿，几乎是 1953 年的 3 倍，占到了全国 13.4 亿人口的 8.5%。各少数民族人口数量相差较大，如壮族有 1693 万人，回族 1059 万人，满族 1039 万人，维吾尔族 1007 万人，而赫哲族只有 5354 人，塔塔尔族 3556 人，独龙族 6930 人。中国各民族的人口分布呈现大散居、小聚居、交错杂居的特点。汉族地区有少数民族聚居，少数民族地区也有汉族居住；许多少数民族既有一块或几块聚居区，又散居全国各地。中国少数民族聚居区大都地广人稀，资源富集。少数民族地区的草原面积，森林和水力资源蕴藏量，以及天然气等基础储量，均超过或接近全国的一半。全国 2.2 万多公里陆地边界线中的 1.9 万公里在民族地区。全国的国家级自然保护区面积中民族地区占到 85%以上，是国家的重要生态屏障。中国各民族的起源和经济、社会、文化的发展有着本土性、多元性、多样性的特点，五彩缤纷，丰富多彩。

要全面认识中华民族，就要从认识每一个民族开始。正是从这个理念出发，我们编写了这套《中国少数民族人口》大型系列丛书，力图从历史、文化、经济、社会等各个方面，用准确、科学、生动的语言，全方位描述和展现各少数民族灿烂辉煌的历史和现状，编织出一幅绚丽多彩的中华民族大家庭的“全家福”。

编写这样一套大型系列丛书，难度非同一般。几经论证和深入研讨，最终形成了编写大纲，这套丛书各个分卷的作者绝大多数由少数民族作家担任，他们不仅熟悉自己民族的历史和文化，而且对本民族有深厚的感情。在国家新闻出版总署、国家人口计生委和中国人口出版社的大力支持下，作者们历经数年，几易其稿，终成此书。值此丛书出版之际，我们衷心地祈愿这幅“全家福”能为民族的交流和团结，为中国的文化建设，为整个中华民族的繁荣昌盛，作出一份微薄的贡献。

翟振武

2012 年 5 月于北京

PREFACE

Every nationality sparkles like a star in the firmament. Now we have about 3000 stars distributed across the world in more than 200 countries, most of which are multinational. So is China, which consists of a number of nationalities. For centuries, all the nationalities have lived together, worked together and fought together, making China a prosperous unified multinational country.

Of all the 56 nationalities in China, 55 are minorities whose population has been increasing since the founding of The People's Republic of China. According to the first census in 1953, the minority population was about 35. 32 million, accounting for 6. 1 percent of China's total population. By 2010, the number had almost tripled. According to the sixth census, the population of the minorities amounted to 114 million, making up 8. 5 percent of the 1. 34 billion people in China. The population size of minority groups varies a lot. Some of them have a large population, for example, the Zhuang Nationality has a population of 16. 93 million; the Hui has 10. 59 million people and the Manchu consists of 10. 39 million people. Some of the minorities are quite small, such as the Hezhe, the Tatar and the Drung nationalities, which have populations of 5354, 3556 and 6930, respectively. China's nationalities live together over vast areas with some living in individual, concentrated communities in small areas.

Some minorities'concentrated communities are scattered among the Hans, and some Han people also live in the minority communities. Some minorities may have one or more concentrated communities, while their people spread all over the country. Most minorities'concentrated communities have their people sparsely distributed in large areas with abundant resources. The grassland, forest, water and natural gas reserves in areas inhabited by minority people account for about half of China's total. Further, 19 000 kilometers of the nation's 22 000-kilometer land boundary are in minorities'communities. In addition, 85 percent of the country's state-level natural reserves are in the minority areas, making the people important guardians of China's ecology. Each of the nationalities'origin is unique, and their development of economy, society and culture is full of variety.

Only by learning every aspect of the minorities'lifestyle can we have a comprehensive understanding of the Chinese nation. Under this notion, we write this series of books on the Population of China's Minorities to provide a detailed picture of our Chinese nation, with the glorious past and prosperous present of the country's minorities.

It is through trials and tribulations that we write this spectacular series of books. Most of the authors, who have profound knowledge of the minorities and wrote the books with their strong emotions, are members of minority groups. With the great support of the National Publication Foundation, the National Population and Family Planning Commission and China Population Publishing House, the authors completed the books after years of unremitting endeavor.

On the publication of this series of books, we are looking forward to seeing these books contribute to the unity of the Chinese nation and help our country flourish in the future.

Zhenwu Zhai
Beijing
May 2012

目录

Contents

第一章

蓝绿色调的黎族祖先

蓝色，一种智慧的颜色，那是千帆过尽后的海的湛蓝，那是万鸟翱翔后的天的蔚蓝，那是风风浪浪后的心的靛蓝；蓝色代表着博大、永恒、广阔、深远、浪漫、豁达、忠诚、典雅、清澈、冷静、明晰、靓丽、安详。

绿色，一种成熟的颜色，那是晨曦之中的田野的灰绿，那是艳阳之下的森林的翠绿，那是经历坎坷后的眼的松绿；绿色代表着苍茫、大度、宽容、优雅、现实、活泼、大方、清秀、生机、希望、青春、宁静、和平。

海南岛四周的海洋，自古以来就叫南中国海（现称南海），它拥有博大而广阔的胸怀，它总是无私地奉献出绵绵不绝的蓝色智慧，因而它所养育的世代子民从来就没有缺少宽广的胸怀、拼搏的精神以及由此而带来的和谐世界！

海南岛陆上的土地，自古以来总是丰沃而肥美，它承载了应有的一切绿色希望，因而它所滋润的世代子民从来也没有缺少华贵的装饰——镶一圈翡翠，再镶一圈珍珠的祖母绿，搁在蓝天白云之下，美得亮丽，美得惊人！

其实，海南岛的山、海、天之间的蓝色与绿色从来就没有分裂开来。当你漫步于山海衔接处的海滩上，你就会欣喜地发现这样一种景致：蓝，从大海飘来，从天空降临，盛意蜂拥，向山边款款切近，而绿一点也不躲避，而是以和谐兼容的姿态，一层一层地迎迓和接纳。眨眼间，蓝色与绿色如同久别重逢的爱恋之人，义无反顾地热烈拥抱、亲吻，以至于达到完美的融合……

第一节　海洋涅槃的民族

黎族是海南岛上的稻作兼有渔耕的民族。自古以来，黎族人的观念形态与生命基调不仅左右于山岭的形制，还酝酿于海洋的魂魄当中，因而他们在携带着丰沃而肥美的绿色希望的同时，还拥有着辽阔而博大的蓝色智慧。文献资料记载，黎族人的祖先生活在海南岛的沿海地带，从史前一直到公元前 111 年的漫长岁月，他们一直独自享受着海洋的丰美赐予，由于后来的历代封建王朝的羁縻征剿，他们被迫逐渐向岛内的山区迁徙，最后剩下的一些人还是没有放弃对于海洋的捕捞。迄今，在陵水、三亚、东方和昌江仍有黎族人自己组队或与汉族同胞们合作“耕海”。

很久很久以前有两个人，一个叫老益，一个叫老爱。老益种瓜，老爱种白藤，他俩准备用白藤来捆护所种的瓜。老益先后种了四次都被老鼠吃光了，第五次种才发芽成长，十四天长成一个很大很大的葫芦瓜。这瓜用五个大岭撑起来。大瓜老了，俩人从瓜蒂上打开一处口子，装进人、水牛、黄牛、蛇、蜈蚣、飞鸟、猪、鸡，还有一些谷子和玉米。不久，老天下了五天五夜大雨，五个大岭被淹没，葫芦瓜被洪水冲进苍茫大海。当洪水退去，大海把葫芦瓜轻轻推向岸边。葫芦瓜里的人和动物终于回归陆地，重新得到像过去那样的繁衍发展……

1. 双女石的故事

在海南岛黎安海面上，立着一座巨大的礁石，这就是有名的双女石。在海南岛的最南面，还有一块有名的岩石，叫南天一柱。这两处岩石现在相隔较远，可原先是一块的。相传远古的时候，黎安海一带的海潮和风沙非常凶猛，海潮整日把咸水卷到坡地上，风沙也不断刮进田野里，庄稼怎么也长不好。岭上的树也凋零了，到处是光秃秃的石头；飞禽走兽没处安身，也都绝迹了。人们种不了地，猎不到鸟兽，生活很艰难。为了生存，后生哥用海棠树造船，姑娘们用麻绳织网，一起到海里捕鱼了。但是波浪太大，找不到好渔场，茫茫大海，人们常常迷失方向，往往一出去就不能回来了。

王母娘娘的两位女儿看到如此情景十分同情。一天，她们悄悄离家来到南海。她们挥舞衣袖，天气立即清朗了；她们站到海面上，波涛立即平息了；她们呼呼喊叫，大群的鱼游来了。人们见状非常高兴，不约而同地把喜讯传开，四面八方的渔船纷纷凑来。这一天，人们第一次满载而归，好心的仙女还挥手给他们指明方向。就这样，仙女日来夜归地帮助大家，没有间断。

好景不长。王母娘娘因不见两位仙女前来请安，又发现她们私自到人间帮人们捕鱼，于是大发雷霆，召来雷公和电母，叫他们去捕捉两位仙女。两个特使一到南海就喷电炸雷，兴风作浪，搅得天昏地暗。两位仙女急忙护送走渔人，还来不及松口气，雷公就大吼道："你们身为天庭仙女，却违抗天规，私自下凡，该受何罪!"姐妹俩理直气壮地答道："我们帮助渔人打鱼，减轻凡人痛苦，有什么过错?!""你们天地不分，尘俗不忌，就是罪过!"电母在一边装腔作势地骂着。小仙女气愤地说："你们终日高高在上，又喝又吃，不管人们死活，白受人间香火，这才是罪过!"电母听了，怒从心起，便把鬼脸一扭，猛挥电鞭，打了过来。雷公也警告说："你们速速回去领罪，不然就叫你们粉身碎骨!”仙女倒是想回去的，可一想到王母娘娘不肯罢休，治罪下来，没有好日子过，不如留在人间，和大家同甘共苦。于是说：“请雷公电母回复王母娘娘，我们留在人间，要与渔人共甘苦!”

雷公电母一听，发狂了：“你们回不回去?”姐妹俩铁了心，齐道：“我们宁愿化为石头，也要造福人间!”话音刚落，她们真的肩并肩化为一座巍巍的双峰石。雷公大怒，轰隆一声，把巨石炸开，变成了两截，腾空而起。一截掉在附近，裂成三块，另一截掉到岛的最南端，立在海面上。那裂成三块的，就叫“双石女”。以后，每当渔船来到这里，人们总觉得仙女还在帮助他们。由于她们化石镇浪，那里也就成了富饶的渔场。那三块巨石高高地站立，还为过往船只指示方向。另一截掉到天涯的，据说是一位仙女的手臂，后来有人在上面题上了“南天一柱”四个大字，世代供人景仰。

2. “吃海”的落笔洞人

1983～1993年，中国社会科学院等部门的考古专家和有关学者，先后四次深入今天的三亚市吉阳镇荔枝沟的落笔洞进行考察。该洞为石灰岩岩洞，洞口朝南，宽10～17米，深18米，高15米。专家们在洞内发现了人类牙齿化石和旧石器时代老年、中年、青年的人类牙齿和穿孔石器、砍砸石器及亚洲象臼齿和小腿化石等，经碳14测定，这些出土文物拥有一万年左右的历史。这是至今发现的海南最早的人类活动遗址。专家们还证实：一万年以前，落笔洞的前面几步路就是浩瀚的大海，黎族先民靠海生活着……

说到这里，我们已经清晰地领悟到，黎族的人类祖先不仅生活在陆地上，还生活在海洋里。这正像英国人类学家阿利斯特·哈代所提出的：化石空白期的人类祖先，不是生活在陆地上，而是生活在海洋里。也就是说，在人类进化史上，存在着几百万年的水生海猿阶段。哈代指出：地质史表明，800万～400万年前，在非洲的东部和北部，

曾有大片地区被海水淹没，迫使部分古猿下海求生，从而进化成了海猿。几百万年之后，海水退却，已经适应了水中生活的海猿又重返陆地。它们才是人类的真正祖先。因此，我们可以想象，在旧石器时代以前的史前岁月，原来居住在落笔洞里的大多数黎族祖先，进入海洋里活动或者是生活着，他们依靠大海赋予的丰富多样的食物，快速地增强自身的体力和脑力。他们依靠着海水的压力和浮力，在海洋中进化出了后腿直立、控制呼吸等本领，这就为再次登陆后的直立行走、解放双手、乃至于发展语言准备了条件。也正因为如此，他们才得以超越其他猿类，进化成为海南岛上真正的主人。

第二节　向绿色山野迁徙

迁徙应当是人类的一种求生本能。在自然灾害或者是人为的无奈的灾难面前，人们都会认为只有选择离开，向没有危险的境地奔赴，才能够延续生命和发挥出天地所赋予的聪明才智。

一、逃离自然灾害

最早出现于海南岛上的黎族原始部落群体，一开始就活生生地存在着、繁衍着，不过，悲惨与苦难对他们来说是与生俱来的。尽管黎族先民们如何生活和生产，从一开始他们都已经陷入一种别无选择的境地。他们面对着海，也选择了海，他们在接受海的恩惠的同时，也要承担着来自海的巨大灾难。来自海洋的灾难往往是毁灭性的，如特大台风或者是强大地震之后的海啸，它胜过发生于陆地上的一切灾难，因而人们是那样的无奈，在大海面前呈现的那种表情是相当难堪的。对苦难有了悲情和忧患，才有可能产生一种对苦难的抗争意识。在万般无奈的情况之下，关于海的诅咒的言语出现了，而且从简短转变为长久，从质疑发展到歇斯底里的天问，即使在这之前他们已经学会用各种优雅的语言来称赞有关于海的千姿百态，这时候他们认为海已经变得可恶，最迫切的任务之一就是离开。他们一旦选择离开，于是就出现了大规模或小规模的迁徙。

古老村庄 （奥雅摄）

正好我们听到了这样一个有趣的故事——

很久很久以前，来自海上的飓风和海啸即将到来之际，一支庞大的黎族先民离开了落笔洞，向西方逃命。他们赶着一群牛经过天涯海角的石门子路时，大的牛、小的牛、长角的牛、短角的牛，一头接一头过去了，剩下一头弯弯大角的小母牛被道路两边的石头卡住，怎么也挣脱不出来。小母牛被这么一卡，这条往返于崖州东西部的陆路就被阻挡住了，所有的行人都过不了。他们用尽一切办法都不生效。小母牛被卡了多时，眼看就要死去。头人下手将小母牛宰了，把牛肉分到各家各户去。正当人们即将分牛肉的时候，天空突然乌云翻转，电

闪雷鸣，风挟着大雨哗哗地泼下来。石门子海湾里的海水汹涌澎湃，就像要淹没石门子路似的。人们惊惶地跑到山上，为了避雨，有的人用树枝竹叶遮在头上，有的把簸箕竹篮往头上盖，小孩子躲到妈妈的怀里……当暴风雨平息，海面上的浪潮也退去，一道弯弯的彩虹从远处的海面上升起，一直横跨到石门子路上。牛肉不见了，只见彩虹下面那块很平的石头上，站着一位如花似玉的少女。

“我感谢父老兄弟姐妹们救了我，如果你们不宰那头弯角小母牛，我就难以回生了。”少女说，她原是天皇的女儿，因为向往天之涯、海之角的人间，决心为人间做点好事，曾多次偷偷下凡来，惹怒了父皇。这次她来到人间时，父皇发现后大发雷霆，用法术将她变成一头弯角的小母牛。当她走到石门子路时，弯弯的双角就被路边的石头卡住了。

“多亏你们救了我，我要为你们做一件事，以表达我的心意，”少女说，“你们一直是没姓名的，这不好称呼呀。现在你们可以用你们头上所戴的物名作为你们的姓吧。比如，刚才下大雨时头上戴树枝竹叶的就姓‘符’或‘林’，躲到妈妈怀里的就姓‘孙’。你们可按这个方法去给所有的人起姓，分出姓氏和支系，分出居住地和耕地，从此你们就有了比较固定的姓氏和生活家园……”人们听罢少女的话，非常感激她，希望她能继续在人间做好事。可是天皇还在发怒，仙女只好忍着悲伤，乘彩云回天宫……

二、逃离官府羁縻征剿

黎族先民以勤劳勇敢著称。西汉时期海南岛还处于原始社会末期，汉武帝在岛上开置郡县，实行封建制度的管理统治，本来应当从中原带来先进文化和生产技术，但他的目的只是掠夺岛上的珠、犀、玳瑁、广幅布等土特产品，以满足其奢侈生活的需要。如《汉书·西域传》下卷末载：汉武帝“遭值文，景玄默，养民五世，天下殷富，财力有余，士马强盛，故能赌犀、布、玳瑁，则建珠崖七郡。”《后汉书·南蛮传》也载：“中国贪其珍赂，渐相侵侮，故率数岁一反。”《汉书·贾捐之传》记载这样一个真实的事件——公元前1世纪的西汉“汉武帝末（公元前87年）孙幸为珠崖太守，调广幅布献之，蛮（指黎族民众）不堪役，攻郡杀幸……”部分黎族民众第一次起来反抗封建腐败官府，不仅给黎族人民提供了反抗压迫剥削斗争的方法，还为黎族人民逃离人为的苦难找到了出路。

翻开历史，黎族的口头传说与史籍的记载在不断地告诉我们：黎族人民的祖先主要生活在海南岛的沿海地带，几千年来由于历代封建王朝的羁縻征剿，使得黎族人民不断地反抗不断地向山区迁徙。自汉迄唐，招抚多于用兵，唐代儋、琼、崖、振四州汉族人口不及9000人，占地亦少，宋元两代，反动统治在“征剿安抚”政策下已入侵东北沿海平原，临高、澄迈、定安、琼山、文昌、乐会、琼东、儋县的原住黎民已迁移至五指山一带山区。元代州县户籍由宋代的10 337人增至102 244人，东北沿海平原的儋、琼两州汉族人口则占当时全岛汉族人口的93%。到了明、清两代，汉族势力已向东南的琼东、陵水、万宁，西部的儋县、昌感和南部的崖县等地发展。湖广、福建人口大量移入，仅在明代，崖、万两州汉族人口已增至8000多人。清末至国民党统治时期，反动统治的魔爪又伸入山区各地，黎族内部几经迁徙杂居，形成了现在分布的态势。

第三节　黎族的族源与族称

一、儋耳人与珠崖人

广东省民族研究所编撰的《黎族历史纪年辑要》就说到秦代有

“儋耳”二字出现。《汉书·地理志》卷二记载，应劭曰：“儋耳者，种大耳。渠率自谓王者尤缓，下肩三寸。”张晏曰：“儋耳之云，镂其颊皮，上连耳匡，分为数支，状似鸡肠，累耳下垂。”珠崖人，明代人黄佐在《广东通志》中云“珠崖人巢居”。

儋耳和珠崖部落族群居住地区较广。《汉书·地理志》称：“自合浦、徐闻南入海，得大洲，东西南北五百里，武帝元封元年略以为儋耳、珠崖。”《汉书·贾捐之传》也称：“儋耳、珠崖郡皆在南方海中洲居，广袤万千里，合十六县，户二万三千余。”据《汉书·武帝纪》臣瓒注引《茂陵书》载，珠崖郡在今海口的美兰区范围内，管辖五个县；《太平寰宇记》称，儋耳郡在今儋州市三都镇范围内，管辖三个县。二郡和属县配置地区主要是在海岸地区和可由海上溯江而上的南渡江中下游地区，即现在的美兰、文昌、定安、万宁、儋州、昌江、东方、乐东、三亚和陵水等市县沿海地区。

后来，儋耳和珠崖作为族群的标志不再出现于史籍，那么，他们到底去了哪里？

第一个回答是：它们本来就是地名。江应樑先生在《傣族史》一书中说道：“‘儋耳’原来是越人的一种民族习俗……儋耳是由民族习俗而成为族名，再演变而成为地名。”据《山海经·海内经》称，“有儋耳之国，任姓，禺号子，食谷，北海之渚中”，（“北海之渚”中的“北”者，据郭沫若先生考证，是“以南为北”之错），“离耳国，雕题国……常以黑为炎，离骚所谓玄国，即今儋州”。应劭说：“二郡在大海中崖岸之边，出真珍，故曰珠崖。儋耳者，种大耳。”可见，当时的统治者因一时不能确定部落的名称，在设郡时，只好根据“出真珍”（出产珍珠）、“种大耳”（佩戴大耳环）来命名，所以只能出现用地名来替代族名的现象。

第二个回答是：族名 Φai^{53}（黎族自称）替代了“儋耳”和“珠

崖”。Φai[53]与汉语“善”字的读音近似。明代海南临高人黄佐在《琼台外记》中说：“武帝置郡之初，已有善人三万之数。”上面说过，到了唐代汉族人在海南地区的人口不及9000人，那么这个“三万之数”无疑就是黎族人。所以说，“善人”就是“珠崖人”、“儋耳人”的总称。

二、被遗忘的骆越人

有的学者说，海南岛的黎族为“骆越”的一部分，其理由是引自闻宥教授之说：“元帝出兵珠崖而发，所以这一带显然也有骆人，换言之，后来称为‘俚’或‘僚’者，可能也是骆越后裔的一部分。”引自《宋史·蛮夷传》“抚水州”条下说：“广西所部二十五郡，三方临溪洞，与蛮、徭、黎、疍杂处。”引自顾炎武《南裔异物志》之说：“俚在广州之南，俗呼俚为黎。”有的学者对此提出质疑，并否认黎族与骆越的关系，其理由是《史记·吴起列传》云：“吴起相楚，南平百越。”《后汉书·南蛮传》也说：“吴起相悼王，南并蛮越，逐有洞庭、苍梧。”《吕氏春秋·恃君览》也说：“扬汉之南，百越之际。”这里的百越应该是扬州、汉水以南的诸越。秦时，“翦略定荆州城邑……因南百越之居”。这里的百越指的是浙南、福建一带的东瓯、闽越。秦始皇二十六年（公元前221年）灭六国，分天下为36郡，最南的是长沙郡，南中国的广西、广东还未包括在内。秦始皇三十三年（公元前214年），征服五岭，灭百越，置桂林、南海、象三郡。至汉武帝元鼎六年（公元前111年）平定南越时，“自合浦、徐闻入海，得大洲（即今海南岛)”，始在此增置珠崖、儋耳二郡。因此所谓汉以前的“百越”地域并不包括海南岛在内。黎族非“百越”，也非“骆越”。

以上的两种说法一直僵持到了今天。经过对海南历史上的人口流动情况进行仔细的梳理，我们发现他们都有所发觉并有点到之处，但是，他们都混淆了事情和时间，不同程度地忽略了一个封建朝代和一

个杰出女性。这个封建朝代就是隋朝，这个杰出女性就是冼夫人。冼夫人（512～602年），原名冼珍，南北朝时期高凉郡（今广东阳江）南越族人，生于梁武帝初年。冼氏世代为南越“俚”人首领，拥有部落十多万家。她少有壮志，胆略超群，善统领部众，能行军用兵。她嫁给高凉太守冯宝（汉族）后，深明大义，辅佐冯宝平息岭南地区的民族冲突，促进汉族与南越各族的和解，并奉命招抚海南岛黎族各部落，使长期动乱的岭南地区全部归附中央政权管辖，消除了分裂割据，维护了国家统一和民族团结，促进了经济发展和社会进步。

冼夫人带领一批又一批家族人马深入海南各地平动乱、讨逆贼、抚百姓、安民心，请命朝廷，先后在海南设置十县，即义伦、感恩、颜卢、毗善、吉安、昌化、延德、宁远、澄迈、武德。从一般规律上讲，或者倒回到当时的历史境况去说，这毕竟是一种封建家族统治，她毕竟维护流传下来的封建传统制度，这一点不值得称赞，但是，那种试图以任人唯亲的方式来维护政治统一，却又是不失高明的一种政治战略。冼家人肯定不会让不知根知底的海南本地人主宰这十个县，他们肯定会委派冼氏家族的人来充当这十个县的官员，而每一个官员的到来必定会带来家属和随从以及相配套机构的大批人马。从文献上看，冼氏家族统治海南历经隋、唐、宋、元等几个朝代，拥有500多年的辉煌岁月，“俚”人当中确实有不断转变为“僚”为“黎”的事实，只是由于种种原因，那些先后来海南常住的人们已经无法统计，也不好考证他们之中的哪些人是汉族，哪些人是“俚”族，哪些人变成了汉族，哪些人融入了黎族。也许正因为如此，进入海南的南越“俚”人早已成为被忽略被遗忘的历史。

第二章

黎族社会组织及族群分类

由于黎族人有本地生长繁衍的，也有渡海而来的，他们分别定居于海岛各处区域，也由于族群信仰、宗法观念和经济结构的地域性差异，黎族社会在分清不同形式的五大族群的同时，也分出不同内容的社会组织。可以说，在汉族人尚未进入黎族地区之前，整个海岛的黎族社会本身并未出现过统一的政治组织与领袖人物。史籍记载："生黎地不属官，亦各有主。"[①] 只有到了封建朝廷派官兵征讨黎族人民，并在黎族地区设立"抚黎局"、"黎务局"等统治机构，黎族社会才出现较为统一的行政区域和行政长官。

第一节　从自我做主到身不由己

一、原始部落长老制

历史上记载，在外族统治阶级进入黎族地区之前，黎族各族群都有自己的"奥雅"（黎语，即老人之意）。这种称呼自己的头人为"老

① 〔清〕张庆长．黎岐纪闻．

人”，出自于原始氏族社会特有的一种长老政治观念，也充分说明黎族内部政治组织曾经历过长老制阶段。那个时间应该是在属于黎族社会的原始公社末期，由于私有财产出现，并形成了贫富对立，属于富裕家族家长的氏族酋长取得部落首领的地位，在本部落之内掌握了氏族所有的军事和行政权力。这种长老制是世袭的，《黎岐纪闻》记载："大抵父死子代，世世相传，或间有无子而妻代及弟代之者。”尽管这样，如果拿原始社会的长老制与封建社会形成的封建家长制比较，我们就会发现长老制还是相当的开明民主，它进一步界定了在这之前黎族内部所没能形成的血缘关系、劳动关系和家庭制度、婚姻制度等，让黎族社会拥有了一套相当明确相当独特的组织章程。

二、以黎治黎的政策

海南岛的治理开发始于汉武帝元鼎五年，即公元前 112 年。历代统治阶级对黎族人民进行了无数次“征讨”，直到新中国成立前夕为止。他们对待与汉族接壤的边沿地区的黎胞，是征讨之后来一次招抚，并“编入图籍，与齐民无异”，但对海南中部、中南部、中西部地区的所谓“生黎”①，则完全采取军事屠杀政策。《广东志》、《崖州志》等有“斩杀无数”的记载，如元代的 90 年间曾对黎族用兵 10 次，于尖峰岭和五指山脚下刻石“大元军马到此”六字。明代嘉靖二十年（1541 年）曾用兵 102 000 之众，破峒② 270 有奇，杀害 5400 多人，登黎婺岭而返。到了清康熙时代才开始重视生黎地区，开十字道路通至各州县，在汉黎交错处，如琼山设水尾营，定安设太平营，崖州设乐安营，儋州设薄沙营，陵水设保亭营等军事机构。光绪十三年（1887 年），

① 生黎：指没有被王朝驯服的黎族人；熟黎：指被王朝驯服了的黎族人。

② 峒：黎族地区直到新中国成立前仍保留着一种具有特色的社会政治组织，黎语称为 kom^{35}，原意是“人们共同居住的一定地域范围”，汉语音译为“弓”或“峒”。

冯子材率兵“平黎”后，除在生黎地区增设镇板营、巡亲营、大坡营、番阳营之外，还特别设立“抚黎局”，作为统一管辖黎族人的最高权力机构，下设总管、哨官、头家等官职，任用黎族各部原来的公众领袖，通过他们层层统治黎族人民，以达其“以黎治黎”的目的。这种统治方式一直沿用到新中国成立前，不同之处只是官职名称的更改罢了。

三、独揽大权的“奥雅”

原始社会长老制之时和外来统治阶级进入黎族地区之前，黎族的“奥雅”是由群众推举的，他们比较开明民主，但是，当外来统治阶级，特别是到了国民党反动统治阶级“征黎”之后，“奥雅”就不是过去的“奥雅”了。国民党统治阶段把自己的军事政策和黎族的政治制度结合起来，保存黎族原有的生产方式和社会组织，通过扶持一些原来的“黎头”，给他们任总管、团董等职，在黎族地区设立一套相当完整的统治机构。总管由“抚黎局”委派，并发给委任书和印章、铜牌、衣服、布鼎等物，哨官由总管委任，也享有总管那样的物件，受委时当事人要备酒肉请人们大吃一顿。头家有由哨官指定的，也有由群众推举的。总管、哨官均为世袭制，由哨官指定的头家也是世袭制，群众推举的不是世袭制，各人职权视其所辖范围大小而定，总管一般是管一峒或数峒，哨官管数村，头家管一村。清《黎岐纪闻》有云，“黎头辖一峒者为总管，辖一村或数村者为哨官，凡小事由哨官处断，大事即报请总管，总管不能处断，控告州县”，处事完毕，除备酒菜宴饮外，还得送田地等酬物给总管或哨官。头家仅得到一二“秤”种子或者是一二亩“茶水田”。总管、哨官的职责主要是替“汉官”催收“吉钱”、“粮赋”。《崖州志》记载，峒分大峒小峒，峒的编制中有村或弓，弓编制中还有甲这样的单位。据有关学者考证记载，明清两代，朝廷曾在“熟黎”地区设立基层政权组织黎图制度，若干黎图为一都，若

干都为一乡。1932 年陈汉光任“抚黎专员”，改“抚黎局”为“黎务局”，易总管为团董，1935 年 4 月将腹地黎族地区划为白沙、保亭、乐东三县。日军入侵海南时，国民党队伍退入黎族地区，又将团董改为乡长，下设保长、甲长。群众很愿意把各种官员尊称为“奥雅”，可是他们却不管群众的死活，他们一旦与反动统治者勾结，权力更大，除了利用原有的氏族制度残余势力进行家长式剥削与侵吞大量的公有土地山林之外，还学会了一套封建统治剥削方式，如勒石示禁、公堂监牢等，形成一种“家长制的农村生活的东方野蛮制度”的独特的统治阶级，而且越到后来，封建剥削的成分越加严重，虽然名为“奥雅”，但传统的原始色彩已趋消失，逐渐蜕变为封建阶级的地主恶霸。

第二节　分散的五大方言语支

尽管整个黎族一直都有一个共同的不变的称谓“赛”，不同部族之间的文化也不断得到交流与影响，尽管经过人口流动迁移而出现了混居、通婚和变异现象，但从语言上的差异和文化特征方面的多样而复杂来看，我们还能区分出他们的不同的方言，以及由此而带出的五大方言语支。

一、哈方言

海岛中心地区的人称居住于沿海地带的人为“哈”。哈方言在黎族五个方言中人口最多，分布最广。主要分布在乐东、三亚、陵水、东方、昌江等地，有些人散居于白沙、保亭、琼中、临高、儋州。

哈方言内部有许多自称：罗活、抱由、抱曼、抱怀、只贡（多港）、志强、哈炎、哈卜、南罗、大白、布配等。他们某些文化特点相同，语言上却不大一致，服饰方面也存在一定的差异。哈方言男子着对襟无领无纽长短袖上衣，领口常缝蓝色花边，缝合处及衣领上多用白棉纱绣上十字样纹，衣背下摆常垂着 8～12 厘米长的边穗。下服为“丁”字形“犊鼻裤”，它由上端的梯形布与下端的长方形两块布构成。

哈方言女子　（奥雅摄）

罗活妇女穿短筒裙，裙长不及膝部，图案华丽。上衣为开胸长袖无领，无纽，前下摆长，后下摆短，有平时服与盛装服之分。平常穿的服饰花纹图案较为简单，色彩以黑色为主，也有深蓝。妇女盛装时，上衣有重叠并且有几层不同色彩的花纹图案。抱由、抱曼的妇女服饰大致相同，下穿短或中短筒裙，上衣对襟、无领无纽。她们的盛装上衣左右大宽边上绣着各种精美的花纹图案，下沿系小白珠或小铃铛。抱怀妇女上衣多为长袖圆领齐襟，平常服饰少有绣花，盛装上衣的袖口、对襟处、背后、下摆等处均镶绣上蓝绿色花边和各种精美图案。她们的筒裙由裙头、裙腰、裙身和裙尾四幅缝接而成，具有较多的传统文化元素。只贡妇女的筒裙由三块布料组成，裙头多为无花纹的黑布，裙身裙尾则为精美的织锦图案布料。上衣多为黑色或深蓝色的对襟、直领、无纽的长袖衣，衣前襟长，后襟短，上面绣有各种花纹。志强妇女盛装筒裙织有人形纹和动物纹彩色图案，上衣多为黑色或深蓝色的对襟、无领、长袖、无纽，通常以一对小麻绳代替纽

扣，系在衣领下方约10厘米处。南罗妇女上衣对襟、无纽，仅以小细绳子作为系带。她们喜戴耳环、项圈、手镯等饰品，头披彩色花纹头巾，发髻喜插银铜质发簪。哈炎妇女有平常装、盛装、丧服三种。平常穿的服饰以黑色为主，黑上衣、黑筒裙、黑头巾，仅在裙尾和头巾尾部绣些图案。盛装上衣前面有对襟花纹，后有腰花，多以菱形几何纹为主，衣背有图腾纹。她们的婚礼服饰最具特色，裙头多几何、人物和动植物纹样，裙身的主要部位织绣婚娶礼仪活动的场面和人物形态，裙尾则布满横向排列的点线纹。丧服筒裙图案主要为人形纹，有明色和暗色之分，明色人形纹代表阳间之人，暗色人形纹代表阴间鬼魂，两种色彩人形纹在有节奏地连续伸展，喻示阳间家人与阴间鬼魂的时空联络。①

哈方言妇女都文有线条多样的面形。

二、杞方言

杞方言是人口数量处在第二位的黎族的一个大方言，分布集中在保亭、五指山、琼中，有些人散居于三亚、陵水、昌江等地。

杞方言男子结鬃于额头，用丈许长的红布或黑布缠头，上身穿黄麻织成的对胸无纽上衣，下穿前后挂一幅“吊襜裙”。

杞方言妇女服饰各有千秋。五指山地区的妇女下着长不及膝的短筒裙，由裙头、裙身、裙尾组成，色彩鲜艳、粗犷，图案多见人形纹、植物纹、花卉纹。上着黑色或深蓝色上衣，对襟、低领、长袖、无纽。衣领周围和沿边、袖口等处常以细布条镶边。她们盛装时头戴风帽式头巾，胸戴多种银质圆条项圈。保亭和陵水的妇女身穿长而宽的筒裙，裙上织有水波纹、米粒纹、藤子纹及其他细条纹。上衣为右衽抱胸款

① 黎族人穿戴的服饰部分参见：海南省民族研究所. 黎族服装图释. 海口：南海出版公司，2011.

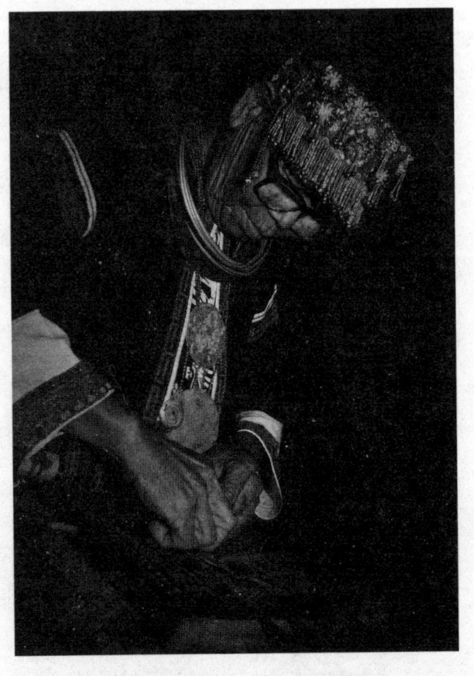
杞方言阿婆 （奥雅摄）

式，色彩多为海水绿或深蓝。年轻人上衣多为红黄绿紫等颜色，长袖、右衽、圆领，右侧腰间有布纽排列。盛装时，她们喜戴头簪、手镯、耳环，胸挂月形项圈。琼中红毛、什运一带的妇女，上衣的袋花、腰花多为甘工鸟纹，腰花上系标示为短柱花，胸前系红色镶边的黑布或红布肚兜。五指山毛阳、冲山一带的妇女上衣无花纹图案和象征族系标志的花。琼中东南部的妇女上衣与红毛地带的相同，但肚兜为白色，腰花上绣有背花、肩花。①

杞方言妇女也有文面的，但只是两颊一对双线纹，比哈方言妇女文面的纹路简单。

在《崖州志》中这样写道："生黎，嚣顽无知，伏居深山，质直犷悍。不服王化，不供赋役，亦不出为民患。惟与其类自相仇斗。间有患及居民者，则熟黎导之也。以木为弓，以竹为弦，铁镞无羽，出入不释手。以标刀为戈，以牛角为角，以击鼓为乐，以射猎为生。誓以熊甲，卜以鸡蹠。器用，土釜瓠瓢。赊借，刻竹为契，刳两执之。性好酒，每酿用木皮草叶代曲蘖。熟，以竹筒吸饮。最贵蛤锣，豪强之家，有以十数牛易一锣者……"封建文官们有歧视与丑化之念，却也道出了杞方言区的人民原有的性格特征、生存方式和价值取向。

① 黎族人穿戴的服饰部分参见：海南省民族研究所．黎族服装图释．海口：南海出版公司，2011.

三、润方言

润方言主要分布在白沙县。该地汉族与黎族之间、黎族与迁移进来的壮族、畲族之间，包括黎族内部的哈方言、润方言、杞方言之间的混居、通婚和变异现象也有出现。

润方言的男子结鬃在后脑部位，服装由“丁”字形“犊鼻裤”与上衣、头巾组成。“犊鼻裤”规格不大，仅能掩盖羞处，但其绣有各种花纹图案，缝有边饰和丝线穗子，两端串上珠子或铜钱，行走摆动时叮咣作响。男子习惯用两条头巾抱头，第一条为红而宽的头巾缠在里层，第二条为蓝色窄小头巾缠在外层，最后系以蓝色花纹小花缠，头巾红蓝相衬，美观大方。

润方言阿婆　（刘筱林摄）

润方言妇女下穿短而窄的筒裙。它根据各人的身材织就，要求裙头紧贴腰部，不扎腰带，裙子上不遮小腹，下不没大腿，最长仅有38厘米。它由裙头、裙身和裙尾三幅锦绣布料制成。裙头为深蓝、白、赤褐三种色彩，花纹为几何纹样；裙身通常以白线作基底，织上红、蓝、黑色和少许的黄、绿色作垂线，花纹图案为人纹、蛙纹、龙纹、牛纹、鱼纹等；裙尾以黑色线为基线，花纹图案样式纷繁，加上镶嵌的金银箔、云母片和羽毛等闪烁物件，显得艳丽多姿，光彩夺目。

润方言妇女的上衣为宽阔的“贯首式”，不对襟，长袖无领、无纽，领口为“V”字形，分中央前后和中央前开口两种形制。上衣两侧、衣襟下边沿、衣背下半部均以“双面绣”形式绣上宽边横幅的具有图腾标志的花纹。衣袖口亦绣彩色花纹，衣下摆花纹以贝纹为图底，以变形人纹、龙纹为衬托，再绣上鹿、羊、鱼、猪、鸡、鸟等纹样。人们的想象力丰富，刺绣工艺相当精湛。①

这里的地质属于风化了的花岗岩，变成灰白色或赤褐色的砂质土与黏土；这里的每个山岭不仅拥有秀美的自然景点，还有内涵美丽的民间传说与歌谣，譬如奇伟壮观的南开石壁，风景秀丽的京排水域，七彩缤纷的拱乳洞，譬如凄美的仙婆岭传说，有趣的龙女的故事，还有用“歪歪”调唱响的民间歌谣；这里的许多村庄都留下古人的足迹，睿智的文物普查队员们发现了不少人类古文化的遗址，挖掘和征集到新石器时期的石器、陶瓷等富有价值的文物，譬如石斧、石锛、石铲、石拍、石凿，譬如唐代酱彩陶罐，宋代影青瓷片，明代彩釉瓷罐；润方言区的人们文身的部位和面积都比其他方言的黎族多得多，也大得多。这里拥有丰富多彩的民乐民舞，在打击乐、吹奏乐和弦乐的作用之下，人们奏响欢乐曲、八音曲、摇篮曲、灯星曲、过节曲、敬神曲、出嫁曲、迎亲曲，跳起粗犷欢快的大鼓舞、八音舞、舂米舞、花竹舞、拜神舞……

润方言不论男女均擅长造型艺术，如妇女的织花与绣花，男人的

---

① 黎族人穿戴的服饰部分参见：海南省民族研究所．黎族服装图释．海口：南海出版公司，2011．

骨刻和木刻，其精致与美观是其他方言区黎族所不及的。

润方言内部方言相当复杂，各个乡镇都有属于自己的土语，有些村庄讲起杞方言，有些乡镇还讲起属于汉语分支系的儋州话。

四、美孚方言

美孚方言自称“moifau”（音译），主要分布在昌化江中下游两岸，即今东方、昌江境内，有些散居于乐东境内。

美孚方言阿婆　（刘筱林摄）

美孚方言男子结鬃在后脑部位，戴耳环，下身穿左右各一块相掩着的黑色短裙，上身穿黑色对襟、无纽的短衣，领际缀两块长方形红布，背部缀方布一幅。美孚方言的上衣男女无分别。妇女用黑白相间的头巾缠头，穿长及脚踝的宽长筒裙，用“扎染法”染成蓝底白花纹。她们的筒裙分老年、青年、女童三种款式。老年穿通身由扎染法织就的长筒裙，黑白两色花纹相拥，呈现无等级层次的色晕。青年妇女穿的筒裙，裙花部分采用各种颜色棉线织成多种彩色几何纹，人纹为主，鸟、鱼、虫等纹为辅。女童裙子稍为简单，亦用扎染法织花方式缝制而成。①

美孚方言妇女的纺织棉布的技术相当高，除席地式的原始织布机之外，尚有一种坐架式的织布机，近于汉族织布机的形式。

美孚方言从事水、旱田耕作为主，很少种植“山兰稻”，耕作技术亦较其他方言区进步。他们深受道家文化影响，几乎每个村庄都建祠堂，修族谱，排班辈等。

五、赛方言

赛方言主要分布在保亭的加茂、六弓、保城，陵水的祖关、群英、田仔等，少数人杂居于儋州、琼中和三亚。赛方言男子穿“吊襜”裙，长不过膝，织有黑色的花纹。上衣开胸、无领、长袖、无纽，胸前仅

赛方言阿婆　（刘筱林摄）

① 黎族人穿戴的服饰部分参见：海南省民族研究所. 黎族服装图释. 海口：南海出版公司，2011.

用一对小绳代替纽扣。头缠黑色或深蓝色头巾。妇女上穿蓝色或深蓝色长袖高领衣，素面以红白色细布条镶边，衣襟向右开，从领口向右斜排布纽扣，下穿长而宽的筒裙，裙头为黑色，图案较简单，裙身有红黄绿等颜色的横细线条纹，裙尾有人纹、蛙纹、植物纹等图案。她们用一条长约三尺的黑布缠头，在后脑发髻下打结，形成两根一长一短的垂带，长的垂在背后，短的仅至颈部或齐肩，头顶和发髻露在头巾外面。她们盛装时，常戴月形项圈，佩戴手镯、耳环等，头插银色发钗、头簪等饰品。[①] 男人的服饰现已改为汉装，只是道公每逢“做祖先鬼”时才把原有的服饰穿上，或作为死后的殓服。

---

① 黎族人穿戴的服饰部分参见：海南省民族研究所．黎族服装图释．海口：南海出版公司，2011.

第三章

黎族的人口规模及分布特点①

1929年，法国人萨维纳（天主教传教士）出版的《海南岛志》一书中关于全岛人口，他说：（1925～1928年）在全岛各方向都跑到以后，我相信把人口估计为200万或者顶多250万，也就是人口密度平均每平方公里60人，不会有大错。这与其他人给出的600万～700万人口的数字相差甚远。他还对海南当时各语言民族人口进行了估计，其中黎族的人口数据是20万。陈铭枢等人于1930年完成的《海南岛志》说到：1928年广东省南区善后公署清查海南岛人口为219万（黎苗哈杞除外），海口市人口45 454人，又说“黎境占全岛半数，丁口不下30万”。萨维纳对全岛人口以及各语言民族人口的估计可以与陈铭枢等人的互相参证，可以说明当时的黎族人口情况是地广人稀，人口的出生率和增长率不高，人口的密度也不大。

第一节　黎族的人口规模

一、57年增长两倍半多

1953年，海南总人口为2 656 923人，黎族人口为360 950人，占

① 根据第六次全国人口普查资料，黎族总人口1 463 064人，海南省黎族人口为1 262 262人，约占黎族总人口的86.28%。本章主要以海南省黎族人口为例进行叙述。

海南总人口的13.6%。57年后，第六次全国人口普查得出的数据显示：海南省总人口8 671 485人，汉族人口为7 246 067人，占海南总人口的83.56%，黎族人口为1 262 262人，占海南总人口的14.56%。从统计数字上看，57年后，黎族人口增多了901 312人，增长约2.5倍。

根据2000年第五次全国人口普查数据可知，海南省总人口7 559 035人，其中，汉族人口6 245 329人，占总人口的82.62%，黎族人口1 172 181人，占总人口的15.51%。

黎族女性　（奥雅摄）

2010年第六次全国人口普查同2000年第五次全国人口普查相比，海南省汉族人口增加了1 000 738人，增长了16.24%，占总人口比重上升0.94个百分点，黎族人口占总人口比重下降0.95个百分点。为什么会出现这种现象呢？这一方面是由于海南人口的机械增长率①高于

① 城市人口机械增长率：一年内城市人口因迁入和迁出因素的消长，导致人口增减的绝对数量与同期该城市年平均总人口数之比。

人口的自然增长率，据有关统计数据反映，整个黎族人口的自然增长率仅有8%，而人口迁移流动方面外出大于进入，外出劳务、经商或者外嫁省外的女子逐年增多，机械增长率处在负增长状态。而另一方面，由于海南的土地资源相对富裕，优势的自然环境，良好的人居条件，对全国各地的人口都有吸引力，海南已成为全国一个重要的人口迁入地。今后，随着热作农业和旅游业的快速发展，随着投资环境逐渐变好和整体形象不断改善，海南还会迎来一个新的人口机械增长态势。

二、南山村人真长寿

南山，又名鳌山，距三亚市40里，高150丈，方圆十多平方公里，林木蓊郁，翠黛迤逦。“枕海壁立，为州屏障。上有万仞泉出石穴，清冷可掬。下有橘井，可疗病。”（《崖州志》舆地志二）人们把她誉为延年益寿的一处洞天福地。自宋朝至今，人们从未间断对南山的青睐与颂赞。叙述她的文章可谓不计其数，在此我们仅谈及两个人。一位是南宋淳熙丙午年间的吉阳军首领周鄘，他第一个带队寻访南山，在海湄山麓发现有一巨石，恰似道教传说中神仙泊来的不朽之舟，便取神仙乘石船浮海上的道教之典，命题“石船”，并作《石船记》刻其上。同时，又将“石船”之北一状似“石室”的岩洞命题“石室”，镌刻《洞口记》203个字。另一个是南宋淳祐年间的“通术数，知地理”的吉阳军首领毛奎。他上任不久就特邀当时闻名的道士一同游览胜景，并依周鄘奠定的早期道教文化主题，命题撰写《大小洞天记》、《大小洞天诗序》，开拓出“小洞天”、“海山奇观”、“仙梯”、“钓台”、“试剑峰”、“岩瞻”等新景点，与周鄘当年所拓的两景组成了南山完美的洞天八景。如果说，周鄘开拓了古崖州的人文胜迹，并营造了呼仙唤道的情义氛围，那么，毛奎的旖旎情思和绚丽文字则揭示了洞天胜景中蕴藏着“羽化登仙”的秘诀，从美学哲学的角度升华了崖州的山水文

化精神；如果说，历代名宦墨客只是用文字传扬了南山胜境是如何的“五灾不侵，百病不生”，那么拢居于南山脚下的黎族人民则以长寿这一事实证明了这一方水土的弥足珍贵与莫大恩泽。

是的，南山周遭的十几个村庄的人们世代沐浴在祥云弥覆、绿荫苍茫、鸟语花香、空气纯净的环境之中，过着井泉甘美、百草皆药、荣于清淡、辱于饕餮的雅致生活。这里的植物种类上千种，且一直保持在繁盛葳蕤的状态。笔者今年春季再次深入了南山，又见到一位结识了十多年的106岁高龄的老奶奶。她瘦削，矮小，那张文过的脸上始终还有一双可爱的笑靥。我俩又聊起了南山，当我特意问起那些既能吃又能入药的树木花草时，她掰着手指头，笑容可掬、语音纯正地边数边说，数出我认识的、不认识的，说出我会用的、不会用的；当我问及井泉之水是否真的能治病时，她便开始抚摸我的手，幽默地说：“侬呀，阿婆都吃上瘾啦，不吃就不舒服咯……”这次还有幸认识了一位95岁高龄的老人。他中等个头，肌肉结实，不胖不瘦。一看见他正在饭桌上小舔半杯药酒，我便直截了当地趣问一餐能喝几杯，他即刻风趣地说：“能喝一坛两坛，可是不行，咱们祖上早就说了，大吃大喝那是短命的！”我跟他谈起了药酒，当听到他泡制的药酒能治好骨质疏松等病症时，我说出自己患有腰椎间盘突出症，还厚起脸皮乞求他给予指点帮助。他嘿嘿笑着，一面起身进了内屋，摸索了一阵子，他给我送上了半杯药酒，还有一包用来泡酒的药末。我一口喝完了药酒，没过多久，腰间部位从疼痛到麻木到挺直，最后是疼痛都消失了的舒适。我听从老人的吩咐，回家将那包药末泡了酒。不到半个月的时间，我的病真的好了，全好了！

我国广西巴马是一个世界公认的长寿之乡，全县20多万人口中现有74位百岁寿星。寿星比例为37人/10万，而南山村庄4200人中百岁寿星就有8人，百岁寿星的比例超过世界公认长寿之乡。南山村庄引人注目的长寿之家、长寿夫妻、长寿兄妹较多，有四世同堂的，也有五代同堂的。一些百岁老人还是耳聪目明，身骨健壮，有的还下地干活，上山砍柴，下海捕鱼，自食其力。南山村庄的百岁寿星代表是家住四马村的胡元开，他曾被评为“海南十佳长寿老人”，当时为112岁，胡元开于2001年9月无疾而终，享年113岁，这位老寿星是海南目前有据可查的最高寿者。

第二节　人口沿梯形地势分布

海南黎族人分别居住在深山、高岭、河岸和沿海平地，整个人口的分布呈现出从高到低、从凸到平、疏密有致和散放杂居的状态。

一、杞方言区群众

杞方言区人主要分布于海南岛中南部的高处地带。四至范围大致为：东至万宁市的北大镇，南至保亭县的三道镇，西至五指山市的番阳镇，北至琼中县的黎母山地区。这里有着崇山峻岭和大片森林，其中五指山、黎母山、吊罗山和七仙岭为闻名景区。从地势上看，杞方言区正好处在最高阶梯和次高阶梯地带。其他方言的黎族和汉族兄弟从东南西北方向围拢着他们，没有哪一个村庄或人群居住在靠海的地方。

对于杞方言区的高居深住，有人说那是当年被逼的，有人说那是习性与信仰的使然。上面说过，黎族人民的祖先主要生活在沿海地带，由于历代封建王朝的羁縻征剿，许多人不得已退居五指山地区。这样看来，杞方言区是拥有包容性的，因为现在居住于琼中、五指山和保亭的统称为“杞方言区”的人不是一开始就固定在一个称呼上的，而是一个融合的群体，同时也就反映出黎族人民具有宽容的胸怀，这种

胸怀体现在他们对于逃退迁徙而来的多数难民的接纳和经历一个比较漫长过程的感化与融合。

二、润方言区群众

润方言区的人们主要居住在白沙的南开、元门、青松、牙叉、细水、打安、金波、阜龙等乡镇。从地势上看，他们处在海南岛西部由高向低走势的梯形山岭地带，依次有鹦哥岭、南开岭、南美岭、九架岭、黎婺岭、仙婆岭、红岭等，一旦经过打安镇区域就走完了梯形地势。从人口分布上看，杞方言区、哈方言区、美孚方言区从四周围拢着润方言区，犹如怕他们不小心走失而严加看护。

三、哈方言区群众

海南岛南部沿海区域有的几乎没有海拔概念，有的仅有几米高度的平地地带，或者说，陵水、三亚、乐东、东方、昌江被海与河作用之下所形成的平坦土地，固定地居住着哈方言区的人们。那种土地分布阵容是从细到粗、从小到大，再从粗到细、从大到小，沿海自东向南、自南向西、自西向北地弯曲扩展。三亚境内人口开始膨胀，到了乐东变为庞大，又一路断断续续穿越东方，一绕过东方的大广坝又向昌江伸展，在昌江的十月田一调头又拐向白沙境内，一直通向松涛水库区域。

无法考究清楚他们为何要居住在这样一种地方，但他们最早习惯与海洋打交道，并且他们的生活习俗适应于从事农耕兼渔猎之业，是值得肯定的。从现存的民间文化，特别从传承下来的《双刀舞》、《打柴舞》等舞蹈中，我们发现哈方言区的人们有海上捕捞的牵、拉、拽、抛、甩等动作，也发现场域宽大的人员众多的足以随意翻腾跳跃的道具舞蹈场面，于是，我们得出了一些答案：哈方言区的人们一直在海边平地生活着，人们一边在海边平地开辟田地种植农作物，一边向大海索取能够索取的海产品，一旦农作物歉收闹饥荒，他们就对大海开展具有相当规模的渔猎作业，一旦遭遇大海带来的几近毁灭性的灾难之后，他们便会转回田地中耕种农作物。是农耕造就了哈方言区的人们闲淡寡欲的收敛性情，又是渔猎促使哈方言区的人们具有一种外在的澎湃英姿。本为农耕人的心地一旦容纳了大海所赋予的外表颜色和奔腾涵义，就会焕发出勃勃生机的生命力量。

哈方言区妇女　（奥雅摄）

四、赛方言区群众

赛方言区有人居于最高阶梯处，也有人居于次低阶梯处，但他们不论是在海岛东南部的保亭、陵水和三亚的交界处，还是散放和杂居于琼中、儋州境内，都被杞方言区和哈方言区严实地包裹着，宛如襁褓中可爱的幼婴。赛方言区人口少，却分布到海南的五个市县的高低不等的边缘地带，呈现出一种放牧似的散放状态，真的像造物主随意

散播的种子，一个东，一个西，一个南，一个北，给后人带来诸多猜不透的谜。

有人说，赛方言区是“骆越人”的一部分，他们最早与汉族人往来，也最早吸收汉族文化，发展到了今天，他们的男人服饰已经汉化了；有人说，赛方言是杞方言演变而来的，因为他们跟杞方言一样相信人间存在“禁鬼”，而且在祭祀活动中运用的祭语除了一些海南方言之外，就是大量的来自杞方言……虽然不敢跟随这些说法，但是，我们同样也说不清赛方言人具体来自何处。我们带着这个问题走进赛方言比较集中的保亭县加茂镇毛林村。这个村只有陈、黄两姓。陈姓的乡亲们说，他们很早以前就住在这个村里，但谁也说不出他们的远祖来自何方；黄姓的乡亲们说，他们在五六代以前分别从距离本村三四里的走具村和加通村迁来，至于远祖在哪里、从哪里来就不晓得了。走进陵水县田仔镇岭仔村和竹拉村，我们也问上同样的问题。这两个村庄有黄、卓等姓。无论是黄姓卓姓，还是其他姓，他们都说自己的祖公原居于保亭县，有的原居于保亭县七弓峒大田村，有的原居于保亭县第一区毛盖乡毛盖村和喃迪村。黄姓、卓姓的乡亲们还说到他们祖先原来都是保亭县的杞方言人，他们搬到陵水以后才慢慢变成赛方言人。他们举出的根据有两点：一个是道公每逢做祖先鬼的祭祀时，都要穿上与现今保亭县的杞方言所穿的大同小异的服装。他们说如果不穿这种服装，祖先鬼就认不出自己的子孙，就不会来吃供品。另一个是道公做鬼时，要念一大串地名和人名，地名从五指山念到他们现在的居住地，人名从杞方言头人、当过大官的人念起，念的绝大多数都是杞方言区的所在地区和人名。

五、美孚方言区群众

美孚，可以说是钟情于河岸之族群，因为他们不论在何时不管在哪里都要首选河岸。东方与乐东交界处的朦瞳山里的河流沿岸，昌化江中下游和石碌河沿岸，布满了美孚方言区的人们建立的村寨。美孚方言区的走向始于乐东的昂业乡，沿着昌化江经过东方的江边、报英、报白、俄乐、报丁、鱼龙、玉道、西方、田甲，再经过昌江的已告、报板、戈枕、乌烈等。石碌河岸还有鸡心、水头、牙营等美孚方言的村庄。东方的美孚的村庄比较多，但村与村相距比较远，如西方村距图满村有五里。昌江的美孚的村庄相距比较近，有几个村组是连在一起的。

河岸是怎样形成的？我们可以这样回答：河岸是从一块块滩壤变来的，而滩壤又是河流从别的地方携带泥沙，一路使劲地盘旋、甩抛，到了某个河段发现可以托附的地方才存留下来的。河流需要几十年甚至上百年沧海桑田的搬运与积蓄，才能孕育和造就出宽广的河岸。

美孚是从哪里来的？这个问题把我们问住了。于是，我们再次进入昌江，走向一个叫石山岭洞遗址的地方探寻古人的奥秘。这个地方位于石碌河上游，东面约两公里处是石碌水库，西北面五公里处就是昌江县城。遗址为石山岭脚下的一个洞穴，洞口朝西南，洞高约 15 米，宽约 10 米，深约 12 米。岭脚下东北面有一条长长的干枯的古河道。不久前，考古队在这个地方采集到一批动物化石和石器。化石中有剑齿象、中国犀、虎、野猪、鹿等哺乳动物，还有猿人牙齿。石器为打制石器，还有穿孔石器、长形砍砸石器、小片削刮石器等。根据碳 14 年代测定，这些化石的年代距今约有一万年以上。为此，我们可以想象，在那个久远的年代，这里是一番河水奔流、森林茂密、古木参天、虎啸猿嚎、豹吼鹿鸣的景象。在这样的环境之下，必定有古猿人在驱虎逐鹿、叉鱼摸螺，洞穴中火光熊熊，老人小孩守着火堆用石头或动物骨椎打开各种河贝蚌蛤……过了若干年之后，这些人开始向四处迁徙，寻找更加理想的河岸……为此，我们说美孚方言区，或者说美孚方言区的一部分人出自这里。

第四章

爱情、婚姻、家庭及其风俗

黎族经历了原始、封建、半封建半殖民地和社会主义社会这样一种历史时期，加之自然环境、经济基础、政治制度、道德观念、宗教信仰和风俗习惯的特殊性，黎族的爱情、婚姻、家庭及其风俗显示出独有的形态和特色。尽管他们像世界上的其他民族一样，也经过了群婚与对偶婚的阶段，经历了从无家到有家，从只知其母不知其父，到有了确保父亲一脉血统的家的发展过程，但是，不同方言的族群各有自己约定俗成的情爱方式。自从走出群婚的蒙昧，他们就一直感性和理性地维系与经营着夫妇式的多种关系家庭。在社会发展变迁过程中，他们依靠族群信仰、社会舆论、传统经验或现代学识等力量去自主调整家庭成员之间的关系，去选择整合自家成员与氏族、村落乃至社会的复杂关系，展示了既有传统性又有现代性、既普同性又有本土性的多元家庭色彩。

第一节　自由恋爱觅真情

爱情是人类的一个永恒的主题，只是不同的民族各自有不同的恋爱方式和情爱话语。应该说，自从有了人类就有了各种恋爱和情爱的形态。我们都可以从源远流长的民间口头文学和亲眼目睹的婚恋场面看到黎族人民给世人展示的一幅幅活生生的两性生活的风俗图画。如《鹿回头》、《三月三的传说》等故事，如《槟榔歌》、《放寮歌》、《种竹歌》等情歌，如“歌舞集会”、“槟榔订亲”、“不落夫家”等风俗，它们都从不同的角度展露了黎族的爱情、婚姻和家庭所蕴涵的文化。

一、劳动生活——滋润爱情的春雨

《鹿回头》叙说着这样一则故事：古时候，在五指山沟里，有一位英俊灵巧的小伙子，是远近闻名的好猎手。可惜孤苦伶仃，家里只有他一个人。有一天，天刚蒙蒙亮，他手持弓箭，身穿树皮衣裳，到山林里狩猎去了。翻过一山又一山，却一无所获。正当他失望的时候，突然，有一只美丽的梅花鹿在他面前不远处活蹦乱跳。猎人高兴极了，立即追了过去。小花鹿回头瞅了猎人一眼，拔腿就跑。猎人在后面紧紧追赶。越过高山，穿过密林，跨过深涧，进入了一片广阔的椰林。跑呀，追呀，一直追到崖州的一处海边山崖。猎手一看，大海挡住了小花鹿的去路，心想这下一定能捉到它。他正要搭箭拉弓，向它射去时，只见小花鹿转身回头，霎时变成了一个年轻漂亮的姑娘。姑娘望着小伙子说：“好哥哥，我是一位像小花鹿一样善良的妹子，你能忍心杀害我吗?”小伙子听后手软了，绷紧的弓箭立即松了下来。姑娘走上前来，害羞地站在猎手面前。猎手惊讶地问道：“你是什么人?”“我是天上下凡的仙女。”“你来干什么?”“我下凡是因为你孤单一人，我想与你做伴。”小伙子听了，高兴得半句话也说不出来。从此，美丽的姑娘与小伙子谈情说爱，最后结成恩爱夫妻。

在生产力极其低下的原始社会，一方面，人类为了在险恶的自然环境中生存，需要想尽办法谋求食物，另一方面，为了抵抗和防御各类猛兽的攻击，就得繁衍人口增加人数，以壮大族群的队伍和力量。

这也就在客观上为氏族部落之间的婚恋生活提供了先决条件。至于人们的婚恋生活的情景是如何展现的，就得从人们广泛的社会劳动生活和他们共同的命运中去考察了。正因为氏族社会中存在猎手和鹿姑娘这样的婚恋关系，所以民间才得以保存了那么多关于下层人民婚恋的口头文化。当我们仔细品味那些优美的故事的时候，我们就会发现这样一个事实，那就是劳动人民的爱情与生产劳动有着极为密切的联系。姑娘对英俊灵巧的猎手产生了爱慕之心，只是由于不那么了解猎手，于是就化成梅花鹿来实地考察。在这里，我们看到，氏族时代的女性无论爱与被爱，均占主导地位。她们不论在任何情况下，都能对爱情进行大胆追求和坦率表白，“……直抒哀乐、爱无忌惮，抒发着人性的至情，让人强烈感到她们在真率无畏的感情领地里，惊人地火热奔放、自由果敢。”① 而男性则处在被支配、被主导的地位——尽管猎手在追求美好生活的过程中，勤奋勇敢，不畏艰险，但在姑娘面前还是乖乖地放下了弓箭，在爱情来临之际还是“半句话也说不出来”。可以说，这个姻缘是鹿姑娘主动的结果。鹿姑娘既让猎手用善良友爱的态度对待女性，又让猎手在劳动中锻炼了坚强的意志，最后也赢得了美丽的爱情。其实，鹿姑娘是看上了小伙子高超的射猎本领和射猎时英俊、健美的姿态——劳动技能在这里成了择偶的重要标准。

劳动是产生美的源头，劳动是滋润爱情的春雨。在劳动中产生的爱情往往表现得极为深沉、炽烈。正像《王风·采葛》中一位男子唱给他心爱的姑娘的：彼采葛兮，一日不见，如三月兮/彼采萧兮，一日不见，如三秋兮/彼采艾兮，一日不见，如三岁兮。

这也正像黎族的《种竹歌》中一位男人唱给他挂恋许久的情人的歌：侬人种棵金竹金/日与竹林多挂心/整日挂心因棵竹/日挂夜愁金竹林……

---

① 张庆霞.《诗经》婚恋诗的文化解读. 东北师范大学硕士学位论文，2007.

二、三月三节——歌舞集会抒情怀

黎族青年男女恋爱关系一经建立，村寨附近的岭地山坡便是他们经常往来的地方，在这里，他们吹木叶曲、跳蟒蛇舞，倾诉爱慕之情。

其实，只要不是农忙季节，黎族小伙子或是姑娘们都可以借机会找对象，只是农历三月初三这天显得非常特别。这种特别就是，三月三这一天，春光明媚，山林翠绿，鸟语花香。凡是未婚男女，都会早早给自己装饰打扮一番，然后成群结队地出门游荡。在山路间，在街道上，在树林里，都会看见年轻男女彼此间毫无顾虑地招呼、攀谈。他们之间有些是平时认识的，也有未曾见过面的。年轻人从腼腆到镇定，从陌生到熟悉，从话语到歌声。有一首歌这样描述："一群群如花似玉的姑娘飘西崖、越东山，一帮帮生龙活虎的后生走北坡、趟南河……"山那边传来百鸟的欢鸣，坡这边飞起嘹亮的歌声，首首山歌唱尽了山水情，对对情侣在河畔林间相依……他们彼此认为可以深入交情就会互送见面礼物，并约定再次相会的时间。当夜幕徐徐降落时，各处山坡燃起一堆堆冲破夜色的篝火，相约而来的一对对情侣，围着篝火欢声笑语、且歌且舞。他们跳的是"槟榔舞"、"月亮舞"和"竹竿舞"，唱的是缠缠绵绵的恋歌，"唱支山歌上山坡，月亮未圆星星多；山上阿妹你是谁，可敢与哥对山歌?""早春来到山花香，不见蜂来妹心慌；爬上高坡望路口，月光底下等情郎。"他们以歌表意，以舞煽情，熊熊的篝火照耀星空，映红了一张张笑脸。当篝火趋向暗淡的时候，他们互送定情信物，阿哥把手镯套在阿妹手上，阿妹把自织的彩色腰带系在阿哥的腰间……

"三月三"是黎族传统的爱情节日，（也是黎族人民悼念祖先、庆贺新生、赞美生活的传统节日。）褒扬它的话语很多，诠释它的文章很多，演绎它的文艺节目也很多。著名舞蹈家陈翘特意给它编创了一出

恋舞　（奥雅摄）

闻名遐迩的舞蹈，这舞蹈就叫《三月三》，里边有一组优美的镜头：三月三这一天，春光明媚，山林翠绿，鸟语花香。6个姑娘悠悠荡荡地信步山坡。她们手持绿色的树枝，遮挡住自己的脸，又透过树枝在山坡上张望。6把花伞，很有韵律地转动着飘上坡来，那是打着花伞的6个年轻后生。姑娘们见状急忙躲进了身后的树林。每一个花伞下的后生都在焦急地寻找着自己的心上人。姑娘们相互嬉戏，开着玩笑，心中充满了约会时的喜悦和欢乐。经过一番非常耐心的相互之间的恋情交流，终于，12个年轻人组成了6对，12颗年轻的心交汇成了爱的海洋。第一对年轻人满怀深情地走到了台前，他们相互交换了定情物，然后，舞台前沿走来一对又一对恋人，交换信物成为他们共同信念的表征，也成为舞蹈高潮的点睛之处。年轻的爱之歌，洋溢在美好的三月三……

黎族男女的定情活动，青年男女在一起欢歌曼舞、玩笑嬉戏，尽情地享受着这短暂的欢乐，并且向自己倾慕的人大胆地表示自己的爱情，定下终身大事。在这样的场合，女子们往往表现得比男子更主动些。有一段《情歌》中女子这样先声唱道：跟哥在一起真好/哥哥像挺拔的大树/像滑绿的树叶/像倒影在水中的星斗/哥哥的嘴巴像精雕/哥哥的嘴角有绣纹/哥哥的眼睛像野青蛙的亮眼睛/哥哥脾气很温和，讲话甜舌头/要是与哥定了情，妹的命就好了！

吟诵这些歌，我们似乎看到一对对身着古朴衣装的男女手挽手地从集体的舞场走出来，走向火光下的泉边树下，走向等待中的茅舍板屋，走向飘满花香的夜的原野，你甚至还似乎可以听到他们那古雅语音的窃窃私语，或是远远溪水边偶尔传来的三两声吃吃的窃笑……

三、经典恋歌——古老的情人故事

在黎族的古代社会中，婚后恋的恋人彼此互称“拥”或“偏”，即亲密朋友之意，婚前热恋之中的恋人彼此互称“筒坤”，即亲密情人之意。这样一来，亲密“筒坤”之间往往会发生经典般的恋歌或故事。

年轻人见面谈情之后，如果感觉不合适很快就不来往了。如果感觉良好就会频繁往来与亲和接触，再经过一段时间的情感磨合，他们彼此就会构筑亲密无间的情人关系。这种情人关系往往处在不公开的状态，因为他（她）们都在夜间来往，谈情唱歌到一定的时间就各自回家了。等到认为爱情成熟可以公开的时候，他（她）们才告知家人。这时候的家人显得极为重要，如果家人同意的话，他（她）们就会顺利订婚、成亲，如果家人以种种借口来反对的话，他（她）们只能成为断了来路的、开花不结果的情人。

这种开花不结果的爱情情调看似短暂而又隐蔽，犹如躲在乌云背后的弦月儿，似乎没有推敲和回味的余地，它却往往在人们预想不到的哪一天生发出响亮的声音，给后人留下绵绵不断的话语，过若干年

后，人们就会把它们演绎成传世的经典之作。我们看到的《梁山伯与祝英台》（中国古代）、《罗密欧与朱丽叶》（英国古代）、《流浪者》（印度近代）、《泰坦尼克号》（美国近代）、《情人结》（中国当代）等等，这些情人们制造出来的话语业已成为人们久久传诵的经典故事和绝响音乐。黎族民间也有这样的经典之作——《情人歌》。

《情人歌》以男女对唱的方式，讲述比较久远的封建时代，一对年轻情侣反抗父母包办婚姻而私奔的故事。歌中自叙俩人在“布隆闺”[①]里认识谈情和秘密往来，小伙子真情投入，表现积极，不仅偷偷到山上帮助女子种山兰、砍木料、建山寮、围篱笆、割露兜草，还想尽办法给女子家人送来生产生活所需的多种物品。俩人深深相爱，渴望结为夫妻，却被双方父母坚决反对，小伙子还被不明真相的人毒打了一顿。当女方父母要将女儿许配给富家子弟时，俩人离家出走，历尽艰辛，尝尽苦难，向没有尽头的远方流浪。民歌优雅绵长，朗朗上口，翻译成汉字后拥有 987 行之多。在情歌中，男女主人翁的个性相当独特、鲜明，男的幽默风趣，落落大方，练达老道，女的善良贤淑，谨慎细致，忍辱负重。

它质感地讲述了谈情说爱的投入形态和情感波折：

我的好情妹/我想对你说/我饭都没心吃/把你的话梳理了一遍又一遍/情妹啊，我想念你，在去看望你的路上/我的心像镜子一样明亮。情妹啊/这怎么不叫我伤心/我是要娶你的/却让父母坚决反对/天啊，我看不到方向/你怎么不用闪电照亮我。

我的好情哥/这叫我怎么不伤心/开始插秧的那一天/我说的话你不当一回事/你心肠不好/有意拖我下河水/你心肠不好

① 布隆闺：也叫做“洞鼓”、“寮房”。是父母和同族兄弟们按古老风俗为儿女们建造的。

/有意拖我下海水/情哥呀/你骗人像用刀砍藤/你骗我像用刀砍柴！

它细腻地记录了人们的生产生活观念和山间艰辛劳作的场景：

我的好情妹/如果别人说你是禁母①/我就请老人们给你说公道话/如果人家想要牛/咱们就送上一头牛/如果人家想要猪/咱们就送上一头猪/我的好情妹/让我对你说/只要你有心跟我玩/我还会砍山藤给你编斗笠/编好了就送给你/让你戴去田间割稻谷/戴去山上种山兰/我的好情妹/只要你有心跟我玩/我就送你一坛鱼茶/我的老情人/等到五月的时候/我送你一碗肉茶/等到砍山藤的时节/我送你上等的山藤/等到挖山薯的时节/我送你一把长锛/等到你文脸的时候/我送你一些青蓝色的染料/我的好情妹/咱俩进山种山兰，围篱笆/种好山兰，围好篱笆/咱们就扛木材去卖……想到以前/咱们经常下田劳作/经常上山兰地/经常去砍木材/情人啊/咱俩砍完木材/用绳子绑好再搬下山/放在种蒌叶的地方……

它浪漫地描绘了两人在私奔路上的各种想象和对未来生活的憧憬：

我的好情妹/咱们去找山藤和莽草/来编织一只小船/用来在水上划/再编织一艘大船/用来躺在上面睡/这里有凉爽的山风/有漂亮的石山/有家庭般的温暖/有丰富的生活内容/咱们不用担心/走到汉族人的地方有水稻种植/走到黎族人的地方有山兰种植……我的好情哥/咱们走到像公鸡的石头/走到像

① 禁母：为黎族人们常说的琵琶鬼，指专门使人生病的魔鬼。

仙女的山峰/咱们可以跟它们对话……

它真实地透露了这对情人远走高飞决不回头的坚强意志：

咱们还可以跟当地的小官们交朋友/这样做对咱们才有帮助……只要有钱买米吃/咱们就可以继续走/走到汉人卖砍刀的地方/走到黎人卖草席的地方/如果走到这些地方/人家不给落脚的话/咱们就继续走/前面的路很漫长，水很宽阔/需要咱们重新打理自己的行装/用牛绳来绑好行李/咱们用爱情的动力趟过急流险滩/像鸟儿一样一直飞翔/一刻也不要停留下来……

四、汉黎通婚——和谐的民族融合

据有关史料记载，为加快黎族人与汉族人融合、同化进程，历代封建王朝在海南沿海地区实行“歧黎归化”政策，对“其山林可开垦处及绝黎田地，宜招外方无业民耕作，结为里社，与黎歧错居。”① 闽浙、湖广等省籍汉人之“先世（都）因从征至此，利其山水田地，创办村峒”。①他们世代与黎族人杂居，入乡随俗，彼此通婚，和睦相处，亲如兄弟，有的被黎族同化，放弃原来的汉族族属，成为黎族的新成员。

相传，秦王朝灭亡时，宫廷内互相残杀，因而秦二世胡亥的宗亲四处逃难，其中有一支胡姓大家族逃难到海南岛五指山区隐居，改为符、吴、涂（与“胡”谐音）等姓氏，以示秦始皇的血缘后裔。今天

---

① ［清］瞿云魁编纂修．乾隆陵水县志．海口：海南出版社．

赛方言区的胡姓家族都说自己是秦始皇的后裔。

相传，唐光宅元年（684 年），武则天篡权，睿宗李旦唐室之公主统统被逐，其中有一公主被流放海南，定居于廖次峒，后嫁黎人，繁衍生育后代。自古至今，陵水县田仔乡廖次村的黎族姑娘个个姿色秀丽，人们都说是那位公主传下来的美丽基因。

在杞方言地区流行的民间故事《穿芭蕉叶的新娘》，讲述一位美丽的黎族姑娘如何化苦难为幸福，然后得以嫁给汉族官家小伙子。杞方言人很早就与进入山区经商的汉族商人通婚。一般是杞方言姑娘嫁给汉族小伙子，汉族人家按照杞方言区的婚俗给女方家下聘礼，举办婚宴仪式。

相传清中叶，潮州商人周元兴，为做生意，长久落脚黎族地区，娶黎妇，在黑底峒创建潮州村，即今哈方言聚居之所。该镇的合口村，有四户周姓汉族人家，自称为“哈方言区人”，在迎娶黎妇时，采用黎汉参半的婚仪，俗称半黎半客（汉），即到女方家迎亲时，按哈方言区习惯办事，回到自家时，则按汉族习惯办事。①

从史料记载的事实和民间相传的故事，我们都可以意识到封建王朝实行“歧黎归化”政策的用心。他们推行“吃人”的封建统治制度固然别有用心，不可恭维，但以“和亲”的方式进行“抚黎”，争取平息汉黎之间的冲突，保持边疆地区的稳定与和平，无疑是一种相当高明的政治战略。当年的海南毕竟是一个人口稀少的荒芜之岛，想要“利其山水田地”，只能是大规模地开垦、整治，而想要“结为里社，与黎歧错居”，也只能是增派人力、物力、财力。上面讲到“屯田万户府”，讲到十万移民过海峡。可以肯定，这么多人的到来一定面临着许多实际困难，甚至会遇到许多阻碍，所以，他们会跟黎族人打交道、搞关系，一来二去，你来我往。人非草木，孰能无情，既然相互之间

① 潘先樗. 陵水县黎族与汉、回通婚及同化的历史与现状.

有了交往，那肯定就会建立地缘之情、交往之礼，进而出现称兄道弟、生死结拜，进而入乡随俗，彼此通婚。

第二节　古老的风俗习惯

民族风俗习惯，是一个民族在其长期历史发展过程中逐渐形成的共同的喜好、习尚和禁忌，它表现在饮食、服饰、居住、婚姻、生育、丧葬、节庆、娱乐、礼节和生产等诸多方面。自然环境、生产力水平、生产方式、重大历史事件和重要人物都是影响民族风俗习惯形成的因素。

黎族风俗习惯的特点，主要表现在以下几个方面：

一是稳定性。它是一定社会历史条件和生产力水平下的产物，具有深刻的社会、历史和自然根源。它跟着黎族的存在而长期存在。它蕴藏着黎族群众的共同心理感情。它的变迁往往落后于社会、经济、文化的发展变化。

二是民族性。它反映着民族的生产和生活方式、历史和文化传统、心理素质和感情境界，是民族特点的重要组成部分，也是一个民族区别于另一个民族的重要标志之一，因而具有鲜明的民族性。

三是敏感性。它具有鲜明的民族性，一个民族往往会把其他民族对本民族风俗习惯的态度看作是对本民族的态度。因而它具有非常敏感的特点。

四是群众性。它世代相传，渗透到民族日常生活的各个方面，影响着民族的每个成员，因此具有广泛的群众性。

五是地域性。中国幅员辽阔，各民族居住地区的地理、气候等自然条件和经济状况有很大差异。这种情况影响到各民族之间和民族内部不同地区之间在风俗习惯上也不尽相同。

一、“鬼”的原始崇拜

远古人类的生存能力相当脆弱，根本不能掌管自身的命运，因此，他们把生活所依、生命所系都寄托给外部自然力量来支配。这样一来，他们一切都顺从自然的力量，不管对错是非，也不管阴晴圆缺，只要是来自大自然的通知或是招呼，他们都会唯命是从，草木皆兵，而且总是以各种愚忠的方式与大自然相处，并从中错误地建构种种其实是玩弄自己的天真意识，由此，他们的宗教信仰“是在最原始时代从人们关于自己本身的自然和周围外部的自然的错误的、最原始的观念中产生的”。[①] 这也说明“自然是宗教最初的、原始的对象”[②]。可以说，是日、月、天、地、山、水、田野、树木等自然万物，在构筑显灵的圣物和鬼怪栖息的地方的同时，也成就了人们的“万物有灵”的观念。这一观念的体现，我们可以从黎族人的一切农作、渔猎行事中的各种祭祀活动得到佐证。黎族古人不仅认为万物有灵魂，灵魂有作祟的灵魂，也有不作祟的灵魂。灵魂，黎族人不称为灵魂，而是统称为“鬼”。作祟的“鬼”是恶“鬼”，不作祟的“鬼”是善“鬼”。作祟的灵魂不安分，恶“鬼”也就不安分。黎族人心目中的恶“鬼”，有回音鬼、龙公马鬼、猴子鬼、蒙鬼、瘟疫鬼、琵琶鬼、人死鬼以及能使人产生一切严重疾病甚至死亡的祖先鬼和冤死鬼等。正是这些恶“鬼”造成人类的病痛和怪异的自然灾害，所以，不论在任何情况下都必须提防它们，在遇到身体病痛和自然灾害时必须举行杀鸡、狗、猪、牛等各种驱逐仪式，同时，要祭拜那些值得尊重、敬仰的善“鬼”，乞求

① 中共中央马克思恩格斯列宁斯大林著作编译局. 马克思恩格斯选集（第四卷）. 北京：人民出版社，1972.

② 费尔巴哈. 宗教的本质. 荣震华，王太庆，刘磊译. 费尔巴哈哲学著作选集（下册）. 北京：商务印书馆，1984：495.

祭祀　（奥雅摄）

它们给予帮助，以增加驱逐恶“鬼”的信心和力量。

黎族人一般认为，能够主宰自然界的某一方面的威力极大的“鬼”都值得加以不同方式的崇拜。

1. 始祖崇拜

黎族人认为，人死后灵魂还在，存在于祖先居住的地方，在精神上与活着的人联系在一起。认为正常死去的祖辈的灵魂仍未脱离自己的家族和家庭，给后代以日常庇护和精神力量。由于灵魂不死的信念，黎族人对灵魂持有敬畏的情感，而善鬼就是祖父母和父母的灵魂所变，因为他们生前对自己最关怀，死后也处处关怀和护佑着子孙。对于子孙的不轨行为，犹如他们在世一样，可以通过自己的灵魂进行监督和管教，并随时对子孙的天道行为给予处罚。因此，他们总是把崇拜祖先鬼置于崇拜其他诸鬼之上，无时不怀着虔诚的心情对待祖灵。表现为黎族人构建了一套复杂多样的祭祀文化体系，并由此生发出有关于安慰、叩问、取悦的仪式，而这种仪式不仅会成为习惯，而且会产生雷打不动的习俗和制度规则。①

2. 山鬼崇拜

黎族人认为山中的一切飞禽走兽均属于“山鬼”管辖，人们想要进山打猎，必须征得它们同意。有资格与“山鬼”打交道的人只有“俄巴”，即“猎头”之意。这个人是人们在农闲上山打猎时，经族长在猎伴们面前逐一做石卜或木卜仪式后产生的。猎头产生后，还要做鸡卜或蛋卜仪式，以便知道进山打猎是否吉利，是否有所收获，或是将要打到什么猎物。进山获取猎物后，得先用猎物祭拜“山鬼”，然后才分配猎物。

人们在山上选地种植山兰、玉米、小米等农作物时，也要先由族长带上随从到山上祭拜“山鬼”。人们在所选的地方插上几根木棍，并在木棍上盖上树叶作为祭坛，然后由族长口念祭词，接着进行木卜或鸡卜，如果反复多次得不到吉利的卜，就要另选地方。等到地址选定后，还要祭祀山鬼和占卜。这个时候，在家的妇女忌睡觉、梳头、纺织、吵架，否则在山上砍山②的男人会从树上跌落下来。砍好晒干树叶杂草后，烧山时也要举行仪式，将一些米撒泼在山地上，念一些祭词，祈求山鬼调节风向和火力。山地收拾妥当后，便可点播山兰谷种。为了护理好所种的农作物，人们在山地上安插许多用稻草和破布扎成的草人，以示已请了山鬼来守卫园地。

3. 地鬼崇拜

山鬼崇拜的祭典中也有“地鬼”崇拜。黎族人认为农作物能够取得丰收，也应感谢“地鬼”的恩赐，所以在获得丰收后都要举办祭祀仪式，以表示对“地鬼”的感激。

---

① 李鸣．羌族婚姻习惯法的历史考察．比较法研究，2004（04）．

② 砍山：包括砍树、砍草、砍藤等，砍山时有的人偷懒去爬树摘果子也可能会掉下来。

其实，祭祀“地鬼”的仪式早在春耕时就开始实行。开春犁田时，族长夫妇先到河里洗澡，换上新衣服，回家中静坐，等到太阳西下，族长便一边牵着牛，一边反复叨念呼风唤雨的祭词：“大雨降临如倾盆，点点滴滴落田中……”，然后到田里犁“第一路田”。第二天，所有的男性劳动力才能下地犁田。到播种那天，族长先在田地里做一些象征性的播种动作，然后才由他的妻子插上几株被称为“谷魂”的秧苗，接着才轮到其他妇女插秧。收割时，族长要将四株稻穗捆在一起摆在地上，上面置四块饭团。在挑回稻谷时，族长的妻子要念祭词：“谷魂回来，鸡犬避开，平安回谷仓！”随着时代的发展，祭祀“地鬼”的仪式越来越简化，到了后来，祭祀“地鬼”的仪式让祭祀“土地公”的仪式取代了。全村人都要拿上饭团和肉到村口的“土地公”小庙那里祭拜“地公”、“地鬼”。

4. 树鬼崇拜

黎族村庄里都会有几棵上百上千年的树木，树上会挂着一只大皮鼓。老人们常在树下向孩子们讲述族人的故事。族长、村长召集全村人来议事或开会时就会击打皮鼓。久而久之，该树便成了人们崇拜的“树鬼”，不能随便砍伐，不能攀登，不能拴牛。立在树下面的“土地公庙台”更不能随意触碰。

黎族人认为大树有灵性，也能守护人们的灵性，所以，每个血缘族群都会有几十亩甚至上百亩的原始森林墓地。墓地里的树木、藤萝没有人胆敢破坏，同血缘族群的人们死后都要回归这个森林墓地。

黎族人认为各种果树有树魂。为使树魂不游荡，多结果实，人们在大年三十这天，给椰子、菠萝蜜、龙眼、荔枝、槟榔等果树贴上剪成圆状的红纸，以求树魂安定，来年多结果实。

保亭黎族苗族自治县的黎族普遍崇拜“箭毒树”、“漆树”和“灵保树”。每个黎族村庄都留有自然生长的这些树木。“箭毒树”的汁液有毒，可以用来治疗身上的毒疮肿瘤。传说到了暴风骤雨时，它有可能变出妖怪来害人，因此人们在树身上打上马钉或绑上铁链，以镇住它的躁动之魂。传说“灵保树”的灵魂能够保护全村人平安无事。“漆树”能驱除瘙痒、浮肿。

5. 天鬼崇拜

黎族人把日、月、星、辰、风、雨、雷、电等天体生成事物，统称为“天鬼”。认为这些“天鬼”一旦发怒，就会使人不舒服，会使农作物歉收。人们通常会杀一头小猪，请娘母或道公来祭拜“天鬼”，祈求保佑。

天鬼崇拜中，雷崇拜为最。润方言区的黎族人将雷公的形象雕刻在骨子制作的发簪之上。雷，被称为“雷公鬼”。人们一致认为雷公是代天执法和行刑之大鬼，它的威力无比强大，能窥见人间的一切事情，谁做好坏事，谁有涵养谁没有道德，它都一目了然。在很久以前人们还约定，天上打雷闪电时要闭上眼睛，否则大病将至。

陵水赛方言的黎族人，有一个大家公认的祭祀雷公鬼的地方，叫“标雷鬼”禁区。里边有一个用小木、树枝、瑞草叶等材料搭盖的一间祭屋，祭屋里有祭坛，平时不让任何人进入。到了祭祀时，人们杀猪、鸡，供酒、饭等祭品进行祭拜。

6. 水鬼崇拜

黎族人认为“水鬼”是由人溺死后所变，平时潜身于河溪深潭。如有人溺水，人们会拿上一个鸡蛋去请道公，道公用一条毛巾、一双手镯、男女衣服各一套，到河溪边去祭鬼禳灾。

7. 火鬼崇拜

人们生活生产都离不开火。火的崇拜通过祭拜“灶公鬼”来体现。黎族人认为若夫妇俩在灶台前吵架，必定会结成冤家对头，永无和解之日。倘因吵架招致家人生病，要请道公杀鸡祭“火鬼”，并责成夫妇

俩向它认错请求宽恕。

二、查对鸡卜——原始的宗教婚制

在古代，黎族男女的婚姻大事，虽然没有“父母之命，媒妁之言”那样的制度，但也有属于自己的婚姻约束制度。这种约束体现在说亲时的“查对鸡卜”——当男方请人带上聘礼去女家说亲，到了女家之后，女家父母按礼节待客，同时杀一只鸡和请村中的巫师（后来称道公、娘母或老人）来陪男方的来人喝酒。席间，巫师根据欲婚男女的情况，念念有词地举行有关仪式，然后拿出两支去了皮肉的鸡腿骨（左腿代表求婚的男子，右腿代表被求婚的女子），开始查对婚事的吉凶，如果两支腿骨上下端各有一孔，就是有头有尾的意思，或这两支腿骨下端各有一孔，就是有头的意思，表示吉利，婚事能成。如果两支腿骨只有上端各有一孔，或者一支上端有一孔，另一支上端没有孔，那就表示不吉利，则婚事不成。但如果女家父母愿意，便会再杀一只鸡，按上述的方法再次做查对。如果查对仍然不吉利时，那这婚事就彻底告吹了。经过查对认为婚事是吉利的，男家来人便将聘礼留下，订婚即告完成[①]。

三、黑布盖头——约定俗成的婚俗

黎人最初的婚礼十分简单，以后日见繁缛。当男家准备好结婚聘礼和择好结婚日子之后，通常在结婚前的四五日或一两个月内便通知女方派人来取聘礼。女方请村中二人或兄弟八人来到男家，男家要杀猪备酒招待，席间双方议好结婚聘礼和结婚日期，第二天早饭后，男

---

① 中南民族学院. 海南岛黎族社会调查（上卷）. 南宁：广西民族出版社，1992：530～531.

家便交一半猪肉给女方兄弟带返。女方兄弟有人在前面牵牛，有人在后面抬猪肉，回到女家后，女家将带回的猪肉分给村人。至结婚前夕，据经历过的老人说，有钱人家准备几坛酒，杀猪牛各一头，用口头（后来用红柬帖，还在屋内张贴亲戚送来的红色对联）方式通知村里乡外的客人来饮酒，男家的亲戚等即挑酒、糍粑或送红包等礼物，前来男家饮喜酒。较穷的人家一般只杀猪一头，并口头通知亲戚来饮酒，个别的只杀两三只鸡请村人吃个便饭就算完事。

结婚那天，男家请村中二位男子撑着雨伞或戴竹帽往女家迎亲。到女家门前站定，由女家请的道公举行"打蛋"仪式，即燃起一堆干稻草，一边叨念咒语，一边往火里猛扔鸡蛋，鸡蛋破了，迎亲的人跨过火堆，进入女方家。有的女家父母当即以鸡一只，金银纸一张，烧香一炷，祭告祖先，说些吉利的话。拜过祖先后，即由村中老人陪男家来人入席饮酒，席罢，由迎亲人带路，由女家派村中男女及嫂弟等数十人，带上新娘的嫁妆（有钱人家有藤箱、被、毛皮和多套衣物，穷人家仅有麻被二张，衣服二套）和一支箭，一起步行回男家。当新娘将要离开娘家时，她一定要哭，有的一路哭到中途才停止。据说假如她不哭的话，父母就会患病。当日天黑到了男家，由男家亲人出门迎接。新娘到男家门口时，便由送嫁的妇女替她梳头（后来还要插银簪、银花），并将一幅黑布遮盖她的头。这时，新郎家人得送上一个鸡蛋，由送嫁的男人用箭将鸡蛋打破抛出门外，表示"赶鬼"。由两位送嫁的妇女扶着新娘进屋，进屋后，新郎的母亲即拿出一件新筒裙供送嫁妇女选择，如果她们不喜欢这件筒裙，她就会拿出好几件，让她们选择到满意为止。接着，新郎牵着新娘的手，在厅前燃香一炷，双双拜告男家祖先，新娘要双手合十向男家祖先拜三拜，新郎则将右手举于额上点三点，拜毕（后来拜毕要在门外放鞭炮），所有的送嫁女簇拥新娘入新房。这时，男家的父母前来问候，相互问好之后，便开始饮

酒。新娘与送嫁的老人在厅前饮酒，边饮边谈，或相互对唱。是夜，村中的青年男子进新娘的房里跟送嫁的妇女对歌，一直对到半夜或直达通宵。翌晨，新娘便除去头上的黑布，干起挑水煮饭的活儿。是时，新郎的父母要送些礼物给送嫁的人们。此后，送嫁的人们在男家人的陪同下参观村庄。午饭后，送嫁人返回时，男家父母送上两个装有芭蕉树心或大米的碗（用麻绳将两个碗绑在一块），还送上一个空罐子。这两个碗，新娘的父母将挂在厅前，等到第二年旧历正月女儿回来时才将其解开。那个空罐子是准备装“鱼茶”给女儿带回婆家的。新娘在夫家住上十多天，择好吉日，带小鸡两只，酒一坛，糯米 3～6 升，“神红”一条、“神花”一对（给女家祖先的），由夫家请一妇女陪同她回到娘家。第二天，在娘家吃罢早饭后，娘家父母便把被、席各一张（给女婿的），粽子 12 个，“鱼茶”一两罐（让男家分给村人的）交给来人陪同女儿一起回夫家去。这次新娘回夫家住上四日后，她又得从夫家带上 12～14 个粽子再返回娘家，住上四日后，她又从娘家带上粽子 12～14 个，还有“鱼茶”一罐回夫家，从此，她就得长住夫家。等到第二年旧历正月，她跟丈夫一起回娘家。

四、槟榔定亲——一口槟榔大过天

槟榔，是黎族人最早的植物图腾崇拜之一。在三亚地区至今还流传着这样一个故事——

很久以前，在三亚槟榔村后面的牛背岭上居住着三个女妖。白脸的叫“瘟”，青脸的叫“瘴”，黄脸的叫“蛊”，她们常常伤害人畜，给这一带的黎民百姓带来很大的灾难。此事传到南天玉帝那里，玉帝的最小儿子宾知道了，请求父皇派他去惩讨女妖，为民除害。宾虽然武艺高强，但年纪还小，玉帝担心他完不成任务，但宾吃了秤砣铁了心。

经三番五次请求，终于得到父皇的许可，他高兴得乘云驾雾降临了槟榔村。槟榔村的百姓为宾的到来欢喜若狂，亲切地叫他宾郎，有的给他端来米酒，有的给他盛来黄猄肉，有的要给他当向导，但宾都一一谢绝，告别众人赶上了牛背岭。

宾耳听八面，目观四方，果然在一棵树下看到了三个长着獠牙的女妖正在争吃打斗，树旁还有一堆尸骨，宾立刻拔出宝剑杀过去。女妖同时跳起，张牙舞爪一齐向宾扑来。宾左右开弓，乘虚而入，当！当！当！寂静的山林里顿时杀声四起。女妖诡计多端，三面夹攻，一连打了十多个回合，都不能取胜。这时，宾又将天府里所学的一套镇妖剑术使出，一招紧似一招，杀得三个女妖眼花缭乱，没有还手之力。凶恶而又狡猾的白脸瘟见势不妙，向后一跳，夺路逃跑。青脸瘴和黄脸蛊哪是宾的对手，宾手来个“海底捞月”，二妖同时一声惨叫倒地，立即现出原形，原来是二只长脚蜂虫。宾朝白脸瘟逃跑的方向追去。忽然，前面传来呼救声，宾循声望去，只见一位老妪瘫倒在地上。宾扶起老妪，老妪浑身发抖地指着北边有气无力地说：“白……白脸妖……”宾扭头顺着老妪指的方向望去，霎时，老妪眼露凶光，掏出匕首，对准宾的背部猛力刺去，宾立时疼痛难当，急回头，看见老妪手握凶器，方知上当。宾忍着剧痛，一剑捅倒了老妪，老妪露出了白脸瘟的原形，原来是一只山蚂蟥。宾也因流血过多而倒在了一堆乱石旁，再也站不起来了。

且说，过了既定日期，玉帝不见宾归来，便派几名天将下地寻找。他们走遍了海南岛每个角落，都没有找到宾。来到槟榔村，百姓们带他们到牛背岭去搜寻，在岭中看见一堆乱石间长着一棵奇特的果树：树茎笔直，没有分枝，叶子鲜绿，结满枝头的果子是圆圆的，像个英俊威武的勇士，天将们认出这是宾的化身。百姓们抱着这棵果树失声痛哭，不断地呼唤着“宾郎、宾郎”。后来宾郎的名字叫久了，也就变

成了“槟榔”。

人们怀念槟榔、种植槟榔、使用槟榔、崇拜槟榔，不知何时起，槟榔就开始占据了黎族人的心理、生理和生产、生活空间。现在，每家每户都种植，有的几十棵，有的几十亩，有的上百甚至上千亩，每家每户的丧葬、祭祀、婚娶活动也都用上槟榔。黎族民间现还在流行这样一种婚俗：男方到女方家“问亲”、订婚和迎亲都必须带上槟榔，“问亲”的时候要带10～20个，订婚的时候要提上几百个，迎亲的时候要挑上上千个。第一次“问亲”时，如果女方家收下槟榔就表示男方有希望，被提亲的女子会出来破槟榔给大家吃。据明代《海槎余录》记载：“（黎人）至于婚姻，不用年帖，只送槟榔而已。”如果男方没有送槟榔的话，亲事会受阻。第二次“问亲”时，如果女方家又收下槟榔就表示“问亲”成功，婚约确立，被提亲的女子不仅破槟榔给大家吃，她自己还当着大家的面津津有味地吃起来。有一首民谣唱道：“一口槟榔大过天，世人传扬咱夫妻；眼只见灯如见火，谁肯容情三二年。”这话的意思是女子一旦接受男方家人送上的订婚槟榔就确定了婚姻关系，女子只能固守夫妻关系，不能再择二夫，别个男人家也不能拿槟榔来“问亲”了。

槟榔的药用价值和种植历史，在古籍中那是有据可考的。据李时珍《本草纲目·果之三》记载，槟榔可“御瘴疠、消谷、破胸中气”。它在海南的种植有着悠久的历史，宋代的典籍中就有记录。如《文献通考·四裔考八》引《桂海虞衡志》：（黎峒）漫山悉槟榔、椰子木。这里的黎峒指黎族村庄。当时槟榔的交易量也相当惊人。据《舆地纪胜·琼州》载：（槟榔）岁过闽、广者，不知其几千百万。又据《岭外代答·花木门》载：（槟榔）海商贩之，琼管以其征，岁计居什之伍，广州税务收槟榔税，岁数万缗。这里的缗指成串的铜钱，每串一千文。由此可看出，槟榔对当时的衙门税收付出了很大的贡献。

黎族人对槟榔的喜爱由来已久，而且是多方面的，从人们对槟榔的崇拜，对槟榔药物价值的肯定，对槟榔果的娇滴脆嫩、秀色可餐的美的享受，对槟榔果充当礼尚往来使者身份的崇尚，我们都能够找到黎族人喜爱槟榔的正确答案。

不论在偏远山区，还是在沿海地带，只要有黎族人居住的街道、市镇、村庄，就会有卖槟榔的摊子和吃槟榔的人们，那些载客的三轮车司机、路边卖水果的大姐、走在街上的年轻人、在某个休闲角落聊天的老阿婆们，个个嘴唇都是红艳艳的。

不论在码头或是轮船上，还是在通往各地的客车中，只要看到那些嘴上有槟榔的人们，你就可以认定他（她）们是黎族人，而且，你可以随便跟他（她）们攀谈、说笑，还可以随时得到任何一个人双手递上的富有礼仪的槟榔果。如果能吃的话，你就尽管吃，如果你想要吐槟榔汁水和渣滓的话，只要在座位旁边的网袋里摸一下，你就可以抓上专门供应的保证清洁卫生的塑料袋子……

古人早已领教黎族群众对槟榔的喜好。宋人称黎人“以槟榔为命”。苏东坡还作有《食槟榔》一诗：

北客初未谙，劝食俗难阻。
中虚畏泄气，始嚼或半吐。
吸津得微甘，著齿随亦苦。
面目太严冷，滋味绝媚妩。

苏过在诗中则提到“槟榔代茗饮”。从两人的描述中可看出，黎族人吃槟榔已成俗，并用来招待客人。“北客”苏东坡刚开始吃不惯，后来也逐渐领略到了咀嚼槟榔其味无穷。

关于青槟榔（即新鲜的槟榔）的食用方法，清张心泰《粤游小志》

中这样描写道：以水调蚬灰一铢许，于蒌叶上裹槟榔，咀嚼，先吐赤水，后啖其余，汁少焉，面潮红，诗人有醉槟榔之句。无蚬灰处用石灰，无蒌叶处用蒌藤。

五、男子“出嫁”——女婿入赘当劳力

入赘，男子就婚于女家并成为女方家庭成员的婚姻形式。俗称招养老女婿或招婿。原是一种从妻居、服役婚的古婚遗俗的发展。表现为女婚而不嫁，招男方入女家为婿。这种婚姻形式的延续，主要因女方需要劳力，需要养老接代。男子入赘的主要原因是家贫，无力娶妻，只能以身为质到女家完婚。《汉书·贾谊传》曾提到：“故秦人家富子壮则出分，家贫子壮则出赘。”颜师古注：“谓之赘婿者，言其不当出在妻家，亦犹人身体之有肬赘，非应所有也。一说，赘，质也，家贫无有聘财，以身为质也。”

入赘对于现在的黎族来说虽然是极个别现象，但不能否认它是至今还保存的一种最古老的婚俗。自愿入赘的男青年，常常是家里兄弟过多，或对家庭所在的地区觉得不理想，有离开家乡的愿望。于是他们便千方百计走出家门，到处打听招婿之亲。当相好对象，觉得满意，便大胆地向女方表露自己的心事，要求和她成亲，经双方家长同意，便可入赘。而女青年，则是出自孝敬父母之心，立志留在家里供养父母，便串村走寨，先近后远，寻找称心如意的上门郎。她们找寻对象的方式，就没有男子那样直爽，常常在农忙时节，走村帮工送殷勤，晚上对唱山歌。通过劳动和交往，观察男子的心愿和表现。一旦看中某个男子，便想办法找机会聊天说情。一经男方同意，一年半载之后，则招之入赘。另一种是一些只有女子，没有男子的家庭，父母要求招婿上门。

凡应招入赘的男青年，按惯例结婚时不收礼物，不备嫁妆，结婚所需一切，均由女方准备。男子“出嫁”那天，家中一般都不举行婚

礼，不摆宴席。但女方举办的婚礼却很隆重，所有的亲戚朋友，都要前来祝贺，必须杀鸡宰鸭，设宴招待。当晚，家中还大放灯烛，请家族的元老围桌商议，按本族姓氏和同辈男子的排行，给女婿改姓换名，“女子叫名取同一祖先所出各村任何一村的村名，如王派龙（Phai^{55} loη^{53}，phai^{55}）是妻子的意思，loη^{53}是指什龙村，而与其结婚的男子又随女子所取的村名称自己为 Phuη^{11}（夫）loη^{53}（龙）。”① 女儿排为老儿，女婿也排为老儿；日后视为家中之子，同辈和他称兄道弟。

在夫妻分居各自母方氏族的情况下，男子只为自己的母方氏族劳动，而“从妇居”之后，男子不仅要为自己的母方氏族劳动，而且还要为妻方氏族劳动，无论是“望门居”或是“从妇居”，其生育的子女都属于母方氏族。

到了现今，入赘的男子，不论在家庭中或在社会上，都受人们的敬重。有能力有威信的，群众可以推选他为村寨干部，享有和本地男子的同等地位。婚后夫妻感情不和可以离婚，但限制甚严，若女方先提出，则要赔偿男方在女方家所应当计算的贡献。婚后如妻子过早去世，其本人有家产的继承权，并且家人必须给他另娶媳妇。黎族的这种风俗，虽然源流远古，但它却打破了重男轻女的恶习。凡在盛行入赘的地方，人们不论生男育女，都能视为传宗接代的继承者和养老的主要劳动力。

六、半招半嫁——招与嫁合二为一

这个婚俗，应该是在对偶婚妻方居住形式向夫方居住的过渡阶段产生的。这一过渡的实现绝对不是一朝一夕的事情，因为这一婚姻形式的转变需要母权制的衰落和父权制的兴起的一个长期的过程。这个

---

① 中南民族学院．海南岛黎族社会调查．南宁：广西民族出版社，1992：85．

婚俗只是这一转变过程中的诸多环节中的一个重要环节。顾名思义，"半招半嫁"是招婿与嫁女合二为一的，就是说男子入赘后已有一定的权利，首先他不用再改随妻姓或长期住下不走，婚后夫妻同时照顾双方父母或轮流在双方各自原来的家中居住一段时间以兼顾两家的生活，日后赘婿还可带着妻儿另立门户，也可以长期居住在女方家中并有权继承一份这个家庭的财产。与此同时，还出现了"两头顶"的现象，即所生养的子女，第一个随母姓，第二个随父姓，第三个又随母姓，以此类推。若婚后终生只有一个孩子，不论男女，将来设置两个香炉供祭双方的父母祖宗。此种婚俗形式，与"招郎"同。从经济上说，双方都是比较实惠的，使较贫穷的家庭都能够解决子女的婚姻问题。可见，"半招半嫁"婚姻形式下赘婿的权利和地位已经得到了改善，并且萌生了与母系血缘世系并驾齐驱的父系血缘世系。这不仅仅是一个婚俗，这是母系氏族社会毅然决然的历史脚步的悄悄前移，这是对偶婚妻方居住过渡到夫方居住（直到一夫一妻制出现）、母权让位给父权的关键性的一步。

七、不落夫家——母权制风俗的延续

"不落夫家"的婚俗在壮侗语系的几个兄弟民族中较为普遍存在，只是形式与内容不太相同而已。在古代，黎族的"不落夫家"，一是指女方接受了男方的第二趟订婚槟榔，"一口槟榔大过天"，按照民俗约定女方已经有了婚配，只要办理简单的婚宴就可以回男方家了；二是指男女双方的婚姻是由父母包办的，双方并没有什么感情，女子在结婚当天就返回娘家，意在要求男子来娘家与她过一种重新培养爱情的生活；三是指某女子按合法（习惯法）手续嫁给某男子，嫁过来时方知男方原来有配偶和子女，只不过经历一段失败的事实婚姻，女子一气之下跑回娘家，过一种有夫却单身的生活；四是指女子跟有感情的男子结婚时年纪尚小，她想在娘家继续帮助家人干活，在征得男方家人同意后，结婚当天即返回娘家长时间住下。

以上四种情况的共同特征就是：①不落夫家期间，男女结婚在一个相当长的时间内只是一种象征性，并不具有实际内容。所以，丈夫总是寻找各种借口如农忙季节、过年过节或有重要事情，请接妻子回来居住，过夫妻生活。②不落夫家时间长短不一，视双方家庭劳力强弱而定，短则几个月，长则两三年，甚至更久。一般是妻子生育后就可以长住夫家。③不落夫家期间，男女双方都有与异性对歌谈情的自由，只是不允许任何一方有越轨行为。在这个婚俗中，女子的自由度很大。她完全可以毫无顾虑地进行婚后恋，因为女子在娘家或者回娘家后，习俗并没有反对她参加谈情说爱活动，与其他青年对歌跳舞并不会被人耻笑，不仅不受责难，反而得到社会舆论的认可。第一种情况，如果男方迟迟不能举办简单的婚宴，女方完全有理由终止婚约而另寻他人；第二种情况，如果男方不愿意到女方家来培养爱情的话，那么这个包办婚姻不会多久就会告终，女方完全可以另情别恋；第三种情况，如果男方不采取积极的态度和方法，女方也不会充当他们婚姻的“第三者”，她也完全可以另找恋情；第四种情况也表明，女子虽然有了严格

黎族母女　（奥雅摄）

意义上的丈夫，按规定她必须忠诚于丈夫不能越轨，但是，不落夫家与谈情说爱是并行不悖的根深蒂固的习俗，为了继续体现这种习俗对于妇女的重要性，她在坚持不越轨的情况下，完全可以参与人们的对歌跳舞活动。

不落夫家之后出现的婚后恋有其依靠的社会根据，也有其存在的历史因缘。姑且不说它的存在是为了反抗父母包办婚姻，我们要说它来自黎族的原始母系氏族社会，不会因为后来的封建社会的各种势力的冲击而解体，更不会因为封建社会妇女地位的普遍降低而消亡。相反，不落夫家及由此造成的婚后恋正反映了当时黎族妇女不轻言放弃，与封建制度对抗的精神。

八、二婚自主——一嫁由父母二嫁由自己

不论是在原始社会，还是在封建社会，女子的婚姻都会有父母包办的，她们的“一嫁”往往没有通过对歌谈情建立起来的爱情基础，婚后与丈夫也没有什么感情可言，有些妇女勉强与丈夫维持夫妻关系，勉强充当生孩子的工具，而大多数妇女则“不落夫家”，一日能够交上新的情人，一旦有了真正恋情的恋人，她们就会想办法争取摆脱“一嫁”，去争取感情丰富的“二嫁”。这也是妇女们的一种反抗包办婚姻的方式，久而久之，它也能在黎族民间形成一种不可抗拒的准规则。不管是离婚还是丧夫，年轻的妇女们都会争取再嫁。她嫁给谁，怎么嫁，听其自由，任何人不得干涉和阻挠。再嫁说亲时不必问丈夫的家人或自己的父母，如果是丈夫的家人和父母代为说亲的话，事先必须征得她本人的意见。离婚后，妇女可以在相当短的时间内再嫁。丈夫死后何时再嫁，虽无时间上的限制，但一般是一两年后，也有两三个月后再嫁的。再嫁迟早，主要看她与亡夫的感情如何而定，感情好的晚一点，差的早一点。再嫁时男家请媒说合，寡妇同意后，择定好日

子由两位妇女去亡夫家接她。去时带上一些酒肉，在亡夫家举行简单的仪式，在亡夫家吃一顿饭。当晚寡妇即能回新夫家住下，回娘家时，亡夫家人要将寡妇送到村口。

寡妇和离婚妇女再嫁是比较自由和自主的。黎族中流传这样的话："一嫁由父母，二嫁由自己。"群众也普遍认为不让寡妇或离婚妇女再嫁是会冤屈人家一世的。

九、儿大分家——分家析产的习俗

俗话说"树大分枝，儿大分家"。分家是指自古以来家庭为处理家庭财产的代际传递关系而形成的家产分割。它逐渐成为人们约定俗成的习惯。"分家习惯又称'诸子均分制'或'均分制'，民间称'兄弟分家'"①，黎族的《鹌鹑鸟的故事》讲到兄弟分家——

很久以前，某寨子一家仅有兄弟俩。弟弟勤劳善良，家里的砍柴、挑水、做饭等家务活样样都做，还要放牛和种地。哥哥是个懒惰的人，什么活都不想干，整天吃饱喝足就东逛逛西溜溜，弟弟和乡亲劝他别这样，他就是不听。过不久，弟弟成家有了一对儿女，家庭生活越来越艰难。可是，哥哥还是个旧样子，而且每餐都要等弟弟煮好才回来吃。有一天，弟弟全家都到地里忙活去了，很晚才回来，弄好饭菜已经是深夜。哥哥等到不耐烦就开始大骂起来，说弟弟是不想让他吃饭才故意晚归的。还有一天，吃饭的时间到了，还不见哥哥回来，弟弟全家等了很久，肚子饿得咕咕叫。弟弟的两个孩子闹着要吃饭，弟弟一家就先吃了。弟弟怕哥哥回来不够吃，宁愿自己少吃，把饭菜多留给哥哥。可是哥哥回来便说，把吃剩下的一点饭菜留给他，还大吵大闹要分家。弟弟不同意分家，说要是分家哥哥一定会饿死的，哥哥不

---

① 俞江．论分家习惯与家的整体性——对滋贺秀三《中国家庭法原理》的批评．政法论坛，2006（01）．

听，一定要分家，弟弟没办法，只好把家里的大部分粮食和唯一的一个土锅给了哥哥……

这个故事说明了分家的原因是有人懒惰不干活，而分家所能分的财产是粮食和土锅。这应该是黎族人很早期的没有异质的一种分家析产方式（一旦处在封建社会制度之下，便马上有了添加的新形式和新内容）。

分家对于黎族来说是非常正常的现象，虽然时代不同，但分家的习惯基本上是不变的。由于人们的家庭一般只有简单明了的田地、房屋、宅基地、谷子、猪、牛等一些生产生活资料，父母一般都持公平态度，一家人也都比较通情达理，加上分家不分血缘、亲缘和地缘等各种关系，所以在分家析产时都不会发生较大的摩擦。只是分家形式变得比较多样，新中国成立前，分家居住时一般是不分田地，经过一个过渡期之后才分田地，新中国成立后，既有上述形式，也有分家分地分物一块进行的。新中国成立前，分家析产时，如果是小家庭而财产又不多的话，则由父母指定分摊，指定哪块地、哪件东西归谁，就是谁家的；如果是大家庭而财产又比较多的话，父母会请村里的“奥雅”或当保长、甲长的人来主持进行。新中国成立后，这种方式基本上还是一样，大家庭和家产比较多的，则请家族长辈或村里有威望的干部来主持进行。有个别家庭在分家析产时召开家庭会议，按照父母意愿将财产分给子女，或由父母及子女就家庭财产情况进行落实，就财产分割进行协商，达成一致意见后起草分家协议，然后由父母、子女以及中间人或见证人在协议上签字，付诸履行。

实践中，黎族农村分家析产时，有很多家庭同时就赡养父母的问题达成协议，通常有三种处理方式：一是父母在自家老宅院随同小儿子一起生活，约定费用由小儿子一家分担，父母死后，老宅院和父母原有的那份财产归小儿子；二是父母轮流到各儿子家吃住，吃住在谁家，在此期间的费用就由谁家承担；三是父母自己起灶，由各个儿子定期定量供给生活费用，费用的多少没有具体标准，一般看儿子们的经济实力而定，起码要保证父母温饱。前两种情况居多，第三种情况一般不能持久，因为父母老到不能处理的时候，还是要由子女们接过去照顾。不过，也有三种情况结合起来，成为混合型方式的。分家后，祖父、祖母尚在的，其赡养依附情况与父母大致相同。如果分家时，尚有女儿未嫁，有父母在时，她们会跟父母生活，父母不在后一般由她们自选寄附某个兄弟。其他身份的家庭成员，其依附情况由主持人及儿子和“中人”协商。在黎族社会，一般都不会出现放弃赡养或遗弃年老父母的现象。

十、标明愿望——屋里门前的“插青”

所谓“插青”，是以特定的草本植物插在门前或屋里的某一物件上，表示一种祈求愿望或告示某个人、某件事的忌讳方式。黎族人的“插青”习俗与他们的宗教信仰有关，方式方法多样。

黎族“插青”习俗出自“万物有灵”的观念。他们认为世间万物都是有生命、有灵魂的，同时又信奉鬼（汉族道教文化传播进来后才信奉神），鬼具有很大的威慑力，因而他们创建了关于避免鬼怪作祟的习俗文化。不论什么年代，不论黎族人建筑或是居住船形茅屋、金字形茅屋，还是砖瓦房、平顶房或楼房，都免不了“插青”的举动。建房时，有的用上 zhan[11] 草和刺茄叶，插于屋架上或捆于房屋两边的底梁，有的插在门框上或捆于屋里的中柱。

过年时，每家每户都要在屋宅门前插上白藤尖刺、刺茄叶和打了结的草，意思是生怕春节期间出来游荡的鬼怪们进家里来找东西吃，在家门前插上这些有锋利的锯齿的草，就能够钩住鬼魂，把鬼魂挡在家门外，保护家宅平安，诸事顺利。当家人或家畜生病时，他们除了

请医问药之外，还要找“道公”来做各式各样的法事，杀鸡、狗、猪、牛来当祭品。法事做完后，一定要在门口及屋角挂上“插青”物，有的在门口挂上白藤尖刺、刺茄叶，有的在门后挂上用木片制成的道公写上符箓的“插青”。法事上用狗作为祭品，主要是针对“非正常死亡”的鬼魂作祟。这种鬼魂被认为非常厉害，一旦碰上，务必请道公上门，杀黑狗取血洒在房屋四周，还要涂在患者的衣服上，最后还要用一根狗下颌骨挂在门上，作为驱逐鬼魂的“插青”。当哪个妇女生育时，她的屋前必定有“插青”。她家中老人都会摘来一些树叶挂于门前或宅外，生男孩的挂野茄叶或菠萝叶，生女孩的则挂龙眼树叶，意在告示别人此家有妇女坐月子，12 天之内（黎族传统历法 12 天为一个月）外人不得随意闯入，否则小孩的魂魄会被吓走而患病。

第五章

黎族经济与生产

黎族人民经历过漫长的原始社会和封建社会，然后又进入半封建半殖民地社会，经济社会进步和生产力发展一直处在相当滞后的状态，到了1950年4月海南岛解放以后，以人民的根本利益为宗旨的中国共产党顺应黎族人民翻身做主的意愿和黎族社会发展的需要，领导广大黎族人民进行社会变革，开展了民主改革和社会主义改造，成功实现了社会的历史性大跨越。

从实际上看，广大黎族人民是带着封建农耕、猎耕社会和原始民族性质的“合亩制”社会的浓郁气息进入社会主义社会的。只有随着社会主义的深入变革和黎族自身生产力水平的提高，原始生产方式和封建经济成分才逐渐消失。为了对黎族落后的经济进行农业的社会主义改造，党和政府一方面大力开展交通运输、文教卫生、贸易信贷、救济援助和无偿发放农具等工作，一方面根据实际需要，从1952年开始农业生产互助合作运动，即将血缘比较接近的合亩组织起来变为大亩，进行有组织的领导生产，群众称这种生产形式为“解放亩”。1954年10月在保亭县将三个合亩组织合并为一个大亩，然后试办了一个农业生产合作社。建社后次年农业就增产了70%，首次显示了合作社的优越性，树起了社会主义建设的飘扬旗帜，有力地吸引了远近的人民

群众。当全国农业合作化高潮掀起之时，黎族各方言区的群众也不甘落后，积极响应，到1956年8月就基本上实现了完全社会主义性质的农业合作化，进入了一个崭新的社会主义的发展阶段。合作化使黎族地区面貌巨变。主要表现在两个方面：一是生产发展；二是改变了人的观念。生产发展方面：昔日的经济方式严重束缚了生产力的发展，诸如“合亩制”地区的收割方法是用手捻稻穗，留在田里的禾秸相当长，妨碍下季犁耙的翻耕工作，只能用牛群来踩田。牛踩田的做法产量低，又浪费人力、牛力。针对这种情况，合作社购置双轮双铧犁、五一犁和长镰刀等较为先进的生产工具，督促稻田多犁多耙，进行精耕细作。与此同时，合作社还派农业技术员帮助群众学习农业知识，掌握使用新式农具和其他技术技巧。改变人的观念方面：人们还存在封建迷信的思想，每开展一项农事活动之前都要举行有关宗教仪式，而且生产上的忌日特别多，严重妨碍了生产的发展进度。对此，合作社一边宣讲科学知识，一边揭穿迷信的真面目，同时大力介绍、宣传先进地区的先进做法，号召群众学习、借鉴。群众接受教育后，劳动日多了，生产忌讳少了，农业生产取得了前所未有的发展情景。

古老村落　（奥雅摄）

新中国成立后，特别是实行改革开放和建省办经济特区以后，黎族人民在党和政府的正确领导下，摆脱了各种不良的社会因素的影响，意气风发，斗志昂扬，改革创新，开拓进取。在农业方面，兴修水利，治理农田，改良生产技术，调整产业结构，大力发展热带高效农业，积极推进农业产业化和企业化进程；在工业方面，黎族地区经历了从无到有、从小到大的历程，初步具有了电力、冶金、建材、机械、化工、建筑等工业门类，初步形成了较为完备的工业体系；在旅游业方面，深入挖掘和调配黎族丰富的自然生态文化和非物质文化遗产资源，选向定点开发建设文化度假旅游景区，在搞好旅游景区的基础设施建设的同时，不断锐意创新文化服务模式，打造出一道道崭新的度假新景，不仅使旅游成为黎族地区的经济支柱产业，还大大地丰富了海南国际旅游岛的旅游文化内涵。

第一节　告别古老的农耕和渔猎

当生产关系与生产力相适应的时候，生产力能够较快地发展，大多数人的生活水平都能得到提高，社会将在安定的状态下发展。而随着生产力的进一步发展，原有的生产关系会从适应逐渐变成不适应，这时，就需要调整生产关系，使之适应生产力，调整之后的生产关系又会进一步促进生产力的发展。这里就体现为生产关系对生产力的促进作用。当生产关系与生产力不适应，而又不调整或无法调整生产关系的时候，生产力只能缓慢发展，甚至停滞不前或后退，大多数人的生活水平将不能提高。这里就体现为生产关系对生产力的阻碍作用。

任何社会的生产都一方面必须遵循它自身发展的规律，另一方面又总是在一定社会基本结构中的诸多社会关系中进行。在诸多的社会关系中，生产关系是最基本、最重要的社会条件。马克思主义政治经

济学研究生产关系的目的，就在于通过生产关系的研究，揭示出生产关系发展的客观规律，从而建立起符合社会生产力发展要求的生产关系；并根据生产力发展的要求，适时地对生产关系进行调整、改革和完善，以更好地符合和推动生产力的发展。

由于受到客观存在的不良软硬环境的制约，改革开放一些年后的黎族地区仍有一定数量的贫困人口。党和政府不但看到了这个问题，而且还十分清楚地意识到单靠当地群众自己在短时间内解决这个问题有着较大的难度。为此，海南省委、省政府把黎族地区的扶贫工作列入重要的议事日程，1994 年 11 月 3 日起实施的《海南省实施〈中华人民共和国民族区域自治法〉的若干规定》第七条规定："省人民政府及其有关部门应当支持民族自治地方行使自治权和自主权，对民族自治地方的自治机关提出变通执行或者停止执行上级国家机关决议、决定、命令和指示的报告，应当及时批复。省人民政府及其有关部门制订年度经济和社会发展计划时，应当坚持放权让利、积极扶助的原则，在安排基础设施及其他由省综合平衡的建设项目、资金投入方面，对民族自治地方给予照顾。省人民政府及其有关部门应当支持和帮助民族自治地方发展邮电、交通运输业，在安排地方交通建设项目和资金时，应当优先照顾民族自治地方。省政府在安排国家和省扶助贫困地区经费时，应当重点照顾民族自治地方。"在进行扶贫工作中，省委、省政府不断探索解决问题的途径和方法，逐步形成加快整村推进扶贫工作；扩大产业化扶贫规模；加大职业技能和实用技术培训力度；开展联手扶贫工作等工作方法和思路。2007 年，全省扶贫工作会议提出少数民族地区要完成 66 个贫困村整村推进扶贫工作目标。围绕这个目标，少数民族地区各市县根据自己的实际制订出各项扶贫工作计划，开展了"县为单位，整合资金，整村推进，连片开发"试点工作。选定琼中黎族苗族自治县为试点工作单位。全年有 66 个贫困村整村推进扶贫规划建设，扶持修建乡村公路137公里，桥梁10座，涵洞102个，兴建人畜饮水工程47宗，打井89眼，修建水利工程18宗，解决2.03万户9.02万人行路难和4780户2.28万人饮水难问题，新建和维修农村中小学校或文化室及改造危房2.10万平方米。在扩大产业化扶贫规模方面，少数民族各市县立足本地资源优势，按照“重点在田、后劲在山、潜力在养、希望在转”的工作思路，从实际出发，选准产业项目，调整优化产业结构，扩大产业化扶贫规模。在种植业方面，重点扶持壮大橡胶、槟榔、绿橙等优势产业，抓好灵芝、竹藤、珍稀树种、南药的种植。在养殖业方面，重点扶持具有地方特色的禽畜产业，其中琼中县发展山鸡饲养业取得良好成效。海南省农业银行通过扶贫贴息贷款项目支持少数民族地区扶持龙头企业发展，省财政安排贴息资金250万元帮助5个国家重点贫困市县的贫困户解决生产资金短缺问题。利用扶贫资金扶持少数民族地区9.73万人种植和管理热带水果等经济作物12万亩，扶持2.98万人饲养禽畜9.33万头（只），养蜂1250箱。在职业技能和实用技术培训方面，积极开展劳动力培训转移的调查摸底和宣传发动工作，摸清少数民族地区富余劳动力现状及劳务输出存在的问题。按照省财政厅、省人事劳动保障厅等部门联合下发的《关于做好贫困地区农村劳动力转移培训管理工作的意见》，强化转移培训措施，规范操作程序，依托省高级技工学校及三亚分校、海南职业技术学院、省华侨商业学校等培训基地，开展电子装配、计算机操作、水产品加工等专业技能培训，推荐少数民族地区农村富余劳动力转移输出到省内外企业就业。开设学制2年的扶贫职业教育中级班，从少数民族地区5个国家重点贫困市县招收300名初高中毕业后回乡的贫困户子女免费就读。全年全省少数民族地区转移培训农村劳动力8727人，其中实现就业7854人，占90%。少数民族地区各市县主动与农业、科技、农技及热作等部门合作，与周边农场开展科技联结帮扶，

采取课堂培训和实地培训相结合的方法，组织专业技术人员和种植专业户给农民传授槟榔、芒果、荔枝、龙眼等作物种植与管理技术……截至有统计数字的 2007 年，黎族地区扶贫开发取得明显成效，贫困人口从建省初期的 7%的贫困面约 20 万人减少到 8.11 万人，低收入人口从 2006 年的 22.44 万人减少到 20.26 万人。

应该说，黎族不仅是一个安详、优美的稻作文化类型的民族，而且是特定的智慧的海洋文化类型的民族。跟其他兄弟民族一样，他们学会谦虚、学会学习、学会进步，当看到自己落后于其他兄弟民族的时候，特别是当他们意识到苦日子穷生活必须改变的时候，他们一边调整自身的思想观念和生产方式，一边抓住大好机遇，迎接各种挑战，并善于因地制宜地运用先进生产力来发展壮大自己。

一、从牛踩田到现代机械

开耕仪式　（奥雅摄）

人—牛—田，这三者所构成的关系的确是陪同黎族人走过了相当漫长的岁月。黎族人从收割用手捻，耘田用牛踩，到购置双轮双铧犁、五一犁和长镰刀等较为先进的生产工具，到今天用“铁牛”替代“肉牛”的机械化操作生产，无疑是在不断地调整生产关系，以适应生产力的发展要求，以提高人们的生活水平。

牛踩田，明代毛奇龄《蛮司合志》中记载：黎人“力田不耕，以牛踌土”。清代的古籍中也有记载：“生黎不识耕种法，亦无外间农具。春耕时用群牛践地，中践成泥，播种其上，即可有收。近时颇有学耕种法如外人者。”牛踩田是不犁田不耙田，只是牵着牛在田里踩踏，田土一踩烂了就插上秧苗。这种耕作方法只是浅表土质的松懈，没有达到秧苗伸根的深度，也没有起到保水保肥的作用，一旦被流入田间的大水冲刷，秧苗就会浮出地面而长势不好，造成稻谷产量极低，也造成黎族百姓年年闹饥荒。新中国成立后，这个问题得到党和政府的高度重视，一边安排人员到外地去购置铁制犁头、锄头、镰刀、砍刀等农具，一边筹措大笔专款，派来大批干部、技术人员和工人，帮助黎族群众办工业。到了1952年，黎族群众已经基本上丢弃了原来简陋的木犁木耙，也消除了牛踩田的做法。1988年海南建省办特区，

插秧　（奥雅摄）

为黎族地区的工业发展提供了新的机遇和动力。海南地区制造的一辆辆农用拖拉机，使得黎族群众真正用上了“铁牛”。现在，黎族农业生产已经向现代化生产方式转变了。

二、从巡猎回到经济园地

巡山狩猎是黎族群众的一项古老的生产方式。可以说，新中国成立前及新中国成立后的一段时间里，黎族群众都在沿袭着巡猎的生产习惯。在长期的巡猎活动中，黎族群众通过不断总结经验，积累了一整套适应海岛自然界特点的巡猎方式。巡猎方式有巡山、放狗、合围、装圈、挖坑、挂枪、安网、装铁夹等。打击工具有弓箭、竹签、长矛、火枪、尖刀、铁钩、绳网等。

弓箭是最古老的巡猎工具。用弹性难折的树木或藤条制成弓，一般弓长 1.5 米，宽 3～4 厘米，厚 1～2 厘米。弦由修圆了的藤条制成，长约 1.4 米，两端削成条状后扎紧于有稍痕的弓的两头。箭镞长 0.8～1 米，由直径约 7 毫米、长 63 厘米的竹管与稍许薄一些的长 16 厘米的铁矢构成。清人屈大均在《广东新语·人语》卷七“黎人”中描述：“男子弓不离手，以藤为之，藤生成如弓，两端有稍可挂弦，弦亦以藤。箭镞以竹为羽，但三丫为菱角倒钩，入肉必不能不出……”清人张长庆在《黎岐纪闻》也写道：“深山多恶兽，能伤人，黎人每出门必带弓箭佩小刀，所以防也。其弓屈木为把，剖藤为弦，箭用竹为之，铁镞无羽，弓短而劲，箭利而准。”

火枪，即火药枪，主要由汉商贩运而来。火枪用的火药收藏在水牛角里，铜火帽则藏在特制的小骨管里。这种小骨管是用近似圆筒形的 4～5 厘米长的骨筒制成，其底部用薄铜片封住，用铜丝将其交叉固定于底部，骨管用缀有玻璃珠的链子拴在腰带上或挂在脖子上。它传入黎族地区是近代的事情。《崖州志·黎防一·黎情》卷十三记载：

"向时兵器，专尚弓矢，今已久废。改用火枪，家置一杆，有力者或备数杆。每以数牛易一枪，或药一桶。多从岭门、薄沙及海口流入。"中华民国以后，火枪的流入更多，谢彬在《云南游记》中叙："黎峒小者有枪数十杆至数百杆，大峒则多至千余杆，总计全琼黎峒所存之大喼枪①不下万杆。"

巡猎用的工具难于一一详解。我们要说的是海南原来的野生动物的数量很多，猎物成为黎族群众的主要生活食物之一，但随着人口数量的迅速增长，人们对野生动物的索取量不断增多，又加上山林被大量砍伐，山林面积速减，猎物也日益减少，以致某些动物物种资源枯竭灭绝。自20世纪70年代起，通过国家有关政策和法律的制定和教育，黎族群众清醒地意识到人类环境的生态链已经受到严重威胁，再不保护生物物种，再不保护自身所处的生态环境，就会得到大自然的惩罚！为此，他们向政府上缴了火枪等巡猎工具，回到低于30°坡度的山脚下或是庭院周围搞起了家庭经济园地，在园地里大搞种植和养殖，种椰子、槟榔、龙眼、荔枝、芒果、甘蔗、菠萝蜜和各类瓜菜，养殖猪、牛、羊鸡、鸭、鱼、鸟等家畜禽。家庭经济园地在很大程度上给黎族群众带来了经济的繁荣和生活的富足。

三、从小木舟到大钢船

黎族的渔业有河流捕捞，也有海洋捕捞。在山区由于河流比较浅显，水流湍急，人们只能小打小闹。历史上，居住于山区的黎族流行以箭射鱼的活动。《黎岐纪闻》有载："黎岐无不能射者，射必中，中可立死。每于溪边伺鱼之出入，射而取之，以为食。其获较网罟为尤捷云。"《琼中县志》提道："河溪盛产鲤鱼、竹鲍、石鲮、火鲮、君

① 喼枪：火枪的别称。

鱼、梅鱼、鳖、加鲻鱼和缺鼻鱼等，人赤脚涉河，常被鱼咬，捕者伸手可捉。后来由于使用炸药炸鱼和药物毒鱼，河鱼数量锐减。20世纪40年代人们开始挖塘养鱼。”居住在昌化江畔的黎族村民长期用鱼巢和渔网捕鱼。海洋捕捞，是居住于海边的黎族人不可或缺的一项事业。史料鲜有记载，但从一直流传于海边黎族村庄的《双刀舞》、《婚礼舞》、《赶海人》中的一些形似于海上捕捞的挪、牵、拉、拽、抛、甩等变化动作，我们可以捕捉到海边黎族人很早就具有现实意义上的海洋捕捞。据考古证实，早在1万年前的三亚落笔洞文化遗存中，其堆积物里含有大量的淡水螺类、海洋贝类和各种动物骨头。这表明那时候海南岛黎族先民的经济生活是以狩猎、捕捞和采集为主的一种原始自然经济的复合体。近日，我们到海边黎族村庄做过一次详细查究，从人们的口头说明、现存家里的古老捕捞工具和正停泊于海里的大小船只上看，海边的黎族人确实一直在从事着农耕和渔猎，他们眼前的大海对于他们来说一直是熟悉的、亲近的，而且他们已经过早地对大海开展了具有相当规模的渔猎作业。

捕鱼工具　（奥雅摄）

“我的祖先是很久以前从福建来到海南三亚鹿回头村的。那里住的都是黎族人，他们懂得使用小木舟出海捕鱼，但不懂造大船，出不了远海……”三亚市南海中学的谢香华老师说，谢家祖先到鹿回头村后，利用原先在家乡就掌握的技术造出大船，租给黎族人使用，从而加大捕捞力度和海鱼产量，致使鹿回头村的黎族群众富甲一方。事到如今，在鹿回头村以及田独镇的安游、六道等地方，黎族群众不仅用大木船在近海周围作业，还与本地或外地的船家大老板们联手集资购置了一批大钢船，分派年轻力壮的人专门从事远洋捕捞。

四、从船形茅屋到新楼房

从船形屋到金字顶屋到砖瓦房到平顶房再到小楼房，这样一步步推进、一级级攀升的趋势，它标志着黎族地区的经济建设已经得到了跨越式的飞跃，也意味着黎族群众的生活水平跟得上时代的前进步伐。

船形茅屋 （奥雅摄）

船形茅屋恐怕是黎族先祖离开穴居或巢居之后的第一个选择。那时到处都是木材、竹子、藤条、麻皮和茅草，因此，他们因地制宜地

选择了原根粗糙的树木立梁柱，笔直坚韧的竹子构屋架，藤条和麻皮固墙壁，最后在半圆拱形屋架上覆以茅草。这个建筑的外观形象如船篷，其室内的平面布置也如船舱的结构样式做间隔，故当时当地称为“船形屋”。这种建筑有高低之分，高的叫高栏楼居，低的叫低栏地居。

金字顶屋的出现要晚一些时候，但它比船形屋要复杂一些、新奇一些，它讲究用料，讲究布局，讲究款式，平面呈横长方形，进深4.5米，悬山式金字顶，顶坡度约1.4米高，前后高1.5～1.8米，整个墙壁砌黄泥墙，正门开在前檐。前檐门廊有两种，一种是檐飘出1米左右形成檐廊，另一种是门口一间作凹入门廊。这种住宅平面布局作横向伸展，平面规模有大小，随居住者的经济条件、人口及生活水平而定。有单开间、双开间、三开间、四开间和院子式等五种款式。从当时的情况来看，四开间或院子式的建筑款式是经济条件比较优越的大户人家的，其他的则是经济比较困难的人家。

谷仓　（奥雅摄）

船形茅屋和金字顶屋伴随着黎族百姓走过了漫长的岁月，一直到改革开放政策实行前，农村黎族百姓住的基本还是茅草屋，截至1991年年底，在黎族地区仍有近70%的黎族百姓走不出茅草屋。这个现实与农村的经济发展程度和人们的思想观念状况呈现出强烈的一致性。为此，海南省委、省政府在认真调研的基础上，决定在黎族地区开展民房改造和脱贫致富的经济扶持工作，从1992年起每年至少从财政拿出1500万元，帮助黎族百姓建造瓦房或钢筋水泥平顶房，同时，积极引导黎族百姓充分发挥山区资源优势，向山要钱，向山要房，拓荒并大力种植甘蔗、瓜菜、橡胶等经济作物，从另一个渠道为自家的民房

当代建筑　（奥雅摄）

改造积累资金。截至2004年年底，海南省财政已累计投入民房改造专项资金2.05亿元，各市县、省直单位、社会团体等筹措社会资金达22.5亿元。2004年，共完成茅草房改造18.88万户，建成砖瓦房和钢筋水泥平顶房面积达1258.91万平方米，2005年，共完成茅草房改造8010户，建成砖瓦房和平顶房面积53.41万平方米……截至2010年年，黎族百姓已全部告别了茅草房。最为可喜的是，那些勤劳肯干、发家致富的黎族百姓家家都盖起了新楼房。当人们驰车五指山区或是

三亚沿海地带，都会看到黎族人建成的一幢幢、一排排款式多样的新楼房。

第二节　瓜果香飘海内外

可以说，西瓜、冬瓜、南瓜、甜瓜、椰子、荔枝、龙眼、绿橙、绿茶、芭蕉、杨桃、芒果、红毛丹、菠萝蜜等30多种瓜（菜）果，一直在陪伴和充实着黎族的生产生活，只是她们“藏在深闺人未识”的孤岛默默无闻了太久的岁月。终于到了那个时间，那是中国大地被春风绿雨滋润的时间，那是海南岛向世人敞开坦荡胸怀的时间，她们终于以亮丽诱人的形象源源不断地涌出岛外，当国内外越来越多的人对她们报以极大的青睐和需求时，她们的主人才焕发出从未有过的积极有为的姿态——不仅改良原有瓜（菜）果品种，还从泰国、巴西、马来西亚等国家引进了高产的莲雾、蜜枣、葡萄、香瓜、哈密瓜、火龙果、人参果、面包树果、无籽西瓜，等等，进而加大投资，精心栽培，增高产量，招揽订单，拓宽销路……

一、三亚瓜菜旺冬季

“请到天涯海角来，这里花果遍地栽，百种花果百样甜，随你甜到千里外，柑橘红了叫人乐，芒果黄了叫人爱，芭蕉熟了任你摘，菠萝大了任你采……”这是郑南老师于26年前在三亚鹿回头招待所亲笔创作的歌词。当时，他舍身忘我地融入了四季春常在的海南、融入了花正香果正浓的三亚，也因此，作为一个音乐人，他觉得应该用歌声向世界发出邀请，让更多的朋友关注这个美丽的地方。到了今天，郑老师的愿望彻底实现了。世界友人不仅眼见了三亚城市的美丽，还亲口品尝了三亚一年四季遍植于山坡水田的瓜（菜）果。

五指山芭蕉　（杨威胜摄）

每年冬季，全国的大部分省区都会沉浸在寒霜冻雨冷雪的天气中，唯有海南，尤其是三亚，还是暖日融怡，绿树葱茏，遍地瓜菜。三亚素有“天然大温室”之美称，四季的平均气温在23℃以上，夏无酷暑，终年无霜，水源充足，土地肥沃。冬季瓜菜，也叫反季节瓜菜。自农村实行家庭联产承包责任制以来，三亚市政府积极引导并发放贷款扶持农民种植反季节瓜菜，农民兄弟们及时转变观念，原来每年仅种两茬水稻，后来改为一季水稻，两季瓜菜，主要种植冬瓜、毛瓜、甜瓜、豆角、茄子、洋葱、辣椒、西红柿等。三亚市第二次党代会提出了发展现代农业的战略部署——在坚持生产效益最大化和生态平衡原则的基础上，按照“一乡一品”的现代农业发展思路，推进产业集群和标准化生产，实施规模经营，提高产业综合效益。为实施党代会的战略部署，为满足市场逐步攀升的需求量，农民反季节瓜菜种植面积也逐步扩大，并不断改变生产方式和提高种植技术含量。2005年，三亚已

建成万亩以上冬季瓜菜基地3个——崖城田洋、妙林田洋和落根—文针田洋。2006年，全市种植反季节瓜菜达到16.8万亩，产量达33.8万吨，其中黎族村庄瓜菜种植面积约5万亩，瓜类约2万亩，瓜菜总产量约10万吨，瓜类约4万吨。2007年，全市种植反季节瓜菜达到20万亩，产量达47.8万吨，其中黎族村庄种植瓜菜面积约6.3万亩，总产量约14万吨，瓜类种植面积约2.3万亩，总产量约6.3万吨。

三亚已经基本完成了由单一低效落后种植方式向现代高效技术农业的转变，初步实现了农产品“两进”（进宾馆、进超市）、“三出”（出岛、出港、出国）的目标。2007年，三亚市已经荣获“全国瓜菜十强市”和“全国无公害瓜菜示范市”两项殊荣。

二、昌江芒果爽游人

昌江县位于海南岛西北偏西，西北濒临北部湾，东北与儋州、白沙相邻，南部与东方、乐东接壤。土地面积239万亩，气候属典型的热带季风气候，年平均温度24.3℃。日夜汩汩流淌的昌化江和珠碧江滋养着境内的大片土地，不断给盛产的芒果提供充裕的水土资源。

在水果王国中，芒果被誉为“果王”。4000多年前，印度人最先发现并栽培了芒果，以供人们在树荫下纳凉。传说，当时有个虔诚的信徒把自己的芒果园让给释迦牟尼，好让他在树下休息。现今，在印度的佛教和印度教的寺院里都会见到芒果树的叶、花和果的图案。印度教徒认为芒果的五瓣代表爱神卡马德瓦的五支箭，所以用芒果来供奉女神萨拉斯瓦蒂。在《大唐西域记》中有“庵波罗果，见珍于世”这样的记载。到了唐代之时，芒果传入中国，在台湾、海南等地广泛种植。

在昌江县境内，芒果的历史悠久，几百年树龄的老树现在仍生机勃勃，挂果累累。不知从哪年开始，芒果成为了贡品供朝廷享用，具备了显贵的特殊身份。如今，食用新鲜芒果业已成为世界范围内大众的消费时尚。据报道，当今世界对芒果需求量相当大，中国香港每年进口芒果2万吨以上，法国进口近1万吨，日本进口3万吨以上，美国进口货源不足。印度、泰国、菲律宾、中国出口的芒果远远不能满足国际市场的需求，而有的国家还限制出口。印度主要贸易国是英国、荷兰、沙特阿拉伯和俄罗斯，泰国的主要贸易对象是马来西亚、新加坡，菲律宾的主要贸易对象是日本、中国台湾等。

1983年开始，“芒果兴县”成了昌江农业发展战略方针，黎族农民群众掀起了种植芒果的高潮。在县委、县政府的大力支持下，引进了大批高产芒果种苗，扶持个人、集体办芒果苗圃和果园。1984年，该县农业部门出资金、种苗、技术，与保平村党支部书记杨开文联营办起全县第一个水果专业户，很快又提高了全村农民种植水果的积极性。到了1986年，全县已大规模种植芒果并全面实行良种嫁接，芒果品种有青皮、白象牙、鸡蛋黄、吕宋、黄玉、秋芒、留香等。这些优良品种果形美观，色泽鲜艳，具有较高的经济价值和市场竞争力。就在同一年的6月，在广州举办的中南五省优稀水果评比活动中，白象牙、黄玉、吕宋、鸡蛋黄、青皮这5个品种全部入选，分别荣获一、二、三等奖，占入选品种的1/4，在参赛的99个品种中名列前茅。在1998年海南省举办的芒果评比会上，昌江芒果有8个品种被评为优质芒果，由此形成了昌江芒果的“五个之最”，即历史最久，面积最大，产量最高，品种最多，品质最好，从而跨入了全国三大芒果生产基地的行列。

每年的3～7月，是昌江芒果轮流“出嫁”的时节。成熟的芒果挂满了枝丫，在微风的吹拂下，轻歌曼舞，婀娜多姿，散发着一股股醉人的芳香。行走在园林中，感觉就像徜徉在大自然生成的一幅幅迷人的山水画面。当你走近热情好客的芒果园主人，他们就会爽快地邀请你进入他们的家中，顺手就切开那或青或黄、或圆或长的果实，让你

放松身心，美美享受。肥嫩的果肉，黄灿灿，橙黄的果汁，亮闪闪，慢慢咀嚼，细细品味，那清鲜而浓郁的香味里还带有的青草味、雨露味、泥土味，恰似配制到了极妙的调料，那么清脆，那么爽畅，又那么自然，像蓬勃的山歌，像银色的梦境，像朝雾，像晚霞……

三、乐东香蕉通四方

兄弟哟请停下你的匆忙/尝一尝三月天美酒的醇香/一声声问候　一腔腔诚意/温暖了几多酸楚的胸膛/一弯弯香蕉一道道彩虹/架起我们通向世界的桥梁……

这是笔者在2010年海南黎族苗族传统节日“三月三”暨中国海南省乐东县第四届香蕉节期间创作的一首歌曲。它颂扬了乐东县人民在兴办香蕉绿色产业的实践中，改变观念，创新思路，开拓进取，取得了一个又一个通向四方的销路和慕名而来的八方客商。

乐东种植香蕉，古已有之，是传统的生产活动。过去，山里生长一种可食用的皇帝蕉，当地人将它们移种田边地角和房前屋后，但这种香蕉产量不高，其经济收入十分有限。乐东人民自从有了开放的理念和创新的思想之后，就不再固守皇帝蕉了，而是跑到省外去寻找新的品种。20世纪90年代初，他们引进了巴西的良种香蕉，结果这种香蕉产量高效益好，从而激发了人们发展香蕉绿色产业的热情。乐东县委、县政府一心一意为人民着想，出大力气为蕉农办实事。他们从科学发展观出发，以“做大做强沿海，加快发展山区，促进区域间良性互动，不断优化产业结构”为主思路，以提高农民收入为中心任务，根据市场经济规律，充分利用乐东得天独厚的自然资源，做大做强做精香蕉产业。自1995年以来，乐东历届领导都十分重视发展香蕉产业，为蕉农搭建融资平台，解决资金短缺问题；为山区群众提供优质香蕉种苗；以龙头企业为支撑，加快香蕉产业的不断升级；运用行政和经济手段，严防自然灾害和香蕉病情；加强领导，成立发展香蕉生产的组织机构，具体负责对发展香蕉产业行政服务、政策导向和标准化生产新技术推广应用、市场拓展、产业规划等方面事务。

香蕉丰收 （杨威胜摄）

农民生产高产香蕉的形式多种多样。一是利用庭院种植。每家每户充分利用房前屋后、旱田地角，或是有空隙的槟榔园。这种庭院式的种植面积虽小，但经过精细管理都会增产增收。二是承包土地兴办蕉园。香蕉种植专业户不满足于小片土地生产，遂承包生产队或乡镇的集体土地，扩大了种植面积，也增多了经济收入。三是从人力、资金、技术等方面优化组合，走联合开发香蕉产业道路。联合体的形式除“农户＋农户”外，还有“农户＋企业”、“农户＋专业户”、“专业户＋专业户”和“公司＋公司”等，全县各种开发香蕉产业的联合体

已近1000个。四是农民注册办公司，以公司的形式开发香蕉产业。随着手中的积蓄增多，有的蕉农办起了公司，经营综合型的产业，主营开发连片香蕉产业基地，储运香蕉产品，在北京、广东、河南等地开设销售站。公司围绕主营产业，还成立化肥、柴油销售点，同时经营经济林木等。五是龙头企业与蕉农组成联合体，合力开发香蕉产业。政府积极引进和扶持一批具有实力和影响力的龙头企业落户乐东，让蕉农自愿与这些龙头企业合股开发香蕉产业。其形式有资金合股，有以土地入股，有以技术入股。这种经济生产方式，有利于提高香蕉产业开发的组织化、规模化和标准水平。

经过20多年的艰苦奋斗和锐意进取，乐东县的香蕉产业已经获得了可喜可贺的大好局势。全县建成500亩以上的连片基地两个，300～500亩的连片基地4个，200～300亩连片基地25个，100～200亩基地235个。今日的乐东已成为“中国香蕉之乡”，其香蕉业已通向四面八方，名扬海内外!

当驰车行进入乐东县境内，您的速度总会放得很慢很慢，甚至会停滞不前，因为眼前是一棵棵香蕉树、一片片香蕉林，她们正向您招手致意，同时发出最诚意最甜美的邀请。在平坦的土地上，她们美得像大舞台上蹁跹群舞的仙女，在湛蓝的天空下，如同一艘艘出海的帆船，满载着重托和希望，正踏着荡漾的碧波徐徐远航……

四、琼中绿橙甜蜜蜜

人们常说梅花香自苦寒来，这句话正好说中琼中的绿橙。也许人们只知道它今天的甜蜜，不知道它是怎么样从昨天的摸爬滚打一路辛酸苦寒中走来。

琼中，原来一棵橙树都没有，1994年被国家确定为海南省5个重点扶持贫困县之一。该县一直到1998年仍然摸不准发展的窍门，而且还走了一段子弯路：为了加大扶贫攻坚力度，人们决定在全县范围内发展木薯产业。于是，乡村农民大面积开垦多年闲置的茅草坡地，有的地方甚至毁林烧山，采取刀耕火种的原始生产方式种植木薯。全县开发的8万亩木薯基地基本上是超过25°的山坡，到头来是得不偿失，不少绿色植被及土地生态遭到破坏，得到的经济效益却相当之少。琼中县以此为沉痛教训，并深刻认识到不能以损害自然生态环境为代价，换取一时的经济效益。于是，该县毅然决定禁止在县域内国道、省道两旁和其他超过25°坡地种植经济林，实行退耕还林，休养生息；于是，该县结合当地气候及地理环境的特点，通过科学的论证，做出“兴果富民”、创绿色琼中的决策；于是，该县从广东引进了橙类新品种，大力实施琼中绿橙发展战略。

在发展绿橙产业的过程中，琼中不仅加大科技投入力度，进行无公害生产，而且强化产品的品牌意识，严格制定生产标准和标准化生产，通过品牌效应提高产品的价值，从而树立自身的生产品牌。该县从海南省科协聘请33位一流的农业专家组成农业顾问团。顾问团成员分为果蔬组、畜牧组和生态组，他们根据农村需要，不定期到琼中县举办科技讲座和培训班，为县里引进优良种苗，开展科技攻关、引进项目、传授科技信息等。琼中推行绿橙标准化种植管理，县政府出台了《琼中绿橙生产技术规程》、《绿橙种苗》和《鲜绿橙》3个县级地方标准，规范绿橙生产。一方面鼓励企业开办绿橙冷冻加工厂，另一方面通过招商引资引进大企业投资办厂。2005年以来，先是琼中海迅农业开发有限公司在该县湾岭镇投入800多万元兴建冷藏加工为一体的加工厂，随后又有李记酒家投入160万元建设综合加工厂，乌石水果场在该县太平镇投入70万元建成加工厂。另外，乌石农场投资建成了贮藏量为1000吨绿橙加工厂，海南绿科农种业有限公司投资1480万元建成贮藏量1000吨、日加工量200吨的加工厂。标准化管理使绿橙

品质得到了明显提高，进入市场时各项检测指标均达到国家标准，绿橙的市场竞争力一下子飙升了。

截至2006年7月，琼中全县已有3000多户农户和30多家企业开发种植绿橙，创办标准化绿橙基地150多个，种植面积4.3万亩（其中农民种植12 493.5亩，占29.1%），挂果面积2.2万亩。琼中绿橙从乡间水果成为全国知名品牌，成为当地农民脱贫致富的“摇钱树”。它经历了“琼中红汁橙”、“琼中红橙”、“海南绿橙”等名称的更换，2005年，国家工商总局受理了“琼中绿橙”的注册申请，2006年11月，经国家工商总局批准，“琼中绿橙”成为海南首个地理标志的商标。同年，国家标准化管理委员会通过了对琼中黎族苗族自治县实施国家级“琼中绿橙标准化示范区”项目的验收。“琼中绿橙”的标准化生产终于产生了自身的品牌效应，为琼中的绿橙事业打造了一片灿烂的天地，为当地群众带来了增产增收的收益，同时也带动了相关产业和整个琼中水果业的长足发展。

绿橙给人们树立了这样一种形象：果实圆大，无污染、无公害，皮绿肉红，多汁化渣，甜酸适度，清甜爽口。人们感谢绿橙、赞美绿橙，有一首新民歌这样唱道：

> 黎母山岭产绿橙/雨露滋润甜又清/山清水秀孕佳果/皮薄肉厚赛佳酪……琼中是个好地方/山清水秀如天堂/人说天堂仙桃美/哪比琼中绿树橙……绿色的山，清香的水/绿色的琼中美又美/四季无霜春常在/绿色生态新农村……

我国著名词作家郑南这样撰词歌颂：

> 绿星星　绿星星/撒满百花岭/喂格啰哎/天上有金星星、

银星星/你可知道地上有绿星星、甜星星/它在南方的百花岭/甜了日子/甜了江河/甜了黎家情……绿星星啊绿星星/它绿得阿公阿婆更年轻/它绿得琶曼帕扣[①]更玲珑/果园星亮过满天星/天下人谁能不爱……绿星星　甜星星/它在南方的百花岭/美了风光/美了心灵/美了情中情……绿星星啊绿星星/它甜了千里万里欢乐风/它圆了四面八方美丽梦/喂格啰哎/绿山绿水绿树/喂格啰哎/甜梦甜歌甜风/甜啰橙啰甜又甜啰/绿色明星……

五、白沙绿茶遍山香

黎族民间有一个关于茶的传说：很久以前，黎族人经常结伴上山打猎。一次，大家追猎劳累，口渴疲惫，歇于一葱翠小树下，一老者信手摘几片嫩叶，入口咀嚼，顿时疲惫消失。于是大家学老者样，摘叶入口，解渴消疲，又继续打猎，最后满载而归。后来，一精明小伙子采回此种树叶，揉搓烘干，储存备用，一旦泡水饮用就会清醇爽口，和火降燥，消除腹胀。从此，当地黎胞视此类树为“神树”，加以保护，并培植于村庄周围……《白沙县志》中写道：白沙农场以种植橡胶和茶叶为主，兼种水稻、胡椒、咖啡……种植茶叶 5866 亩，每年总产量 213.2 吨。白沙农场设有茶叶加工厂，厂区面积 32 亩，日产干毛茶叶 1.15 吨，年加工能力 50 万公斤。该茶多为采摘 2～3 片嫩芽叶为原料，采用国内先进技术加工而成，其外形紧结细直，色泽光润，耐冲耐泡，汤色黄绿明亮，香气持久，滋味醇厚。

1983～1987 年，在自治州[②]、广东省农垦总局、广东省茶叶公司

---

① 琶曼帕扣：黎族人称男人为“琶曼”，称女人为“帕扣”。

② 自治州：是指当时还存在的由广东直接管辖的“黎族苗族自治州”，它于 1988 年 7 月被撤销。

组织的8次绿茶评比中荣获7次第一名、1次第二名，在广东海南区[①]茶叶评比中，连续14次获一等奖，2次获二等奖，被誉为广东五大名茶之一，系“海南特产”。据报道，1990年白沙绿茶被指定为第11届亚运会“绿色饮料”进京展销；1991年在海南省农垦首届产品展销会上被授予“金鼎杯”优秀产品奖；1992年10月在中国国际贸易中心举办的中国中小企业成果博览会上又成为7种受到好评的产品之一；1993年被编入《中国当代特优产品大辞典》；1995年白沙茶厂获国家“AAA”级中小企业最佳形象证书和牌匾；1996年5月获“1996中国（海南）国际糖烟酒食品博览会”金奖；“白沙牌”白沙绿茶商标于1996年、1997年先后被收编和认定为《中国知识商标》和海南省首届“知名”商标；1996年被收选入《中国茶文化今古大观》一书，继而又被编入《世界经济》（中国版）和《中国农垦希望》等权威刊物；1998年获“第五届全国食品博览会金奖”；1999年在国家技术监督局对全国122家茶叶单位的绿茶产品抽查中，它又成为33家合格产品质量较好的产品之一；2000年在中国名牌商品学会举办的“2000年（首届）全国百个城市千家企业万种商品监测”活动中，它又被测定为全国同类商品前十名的殊荣；2001年又位居“中国消费者市场茶叶主导品牌”排序前十名；2004年获原产地域保护产品，属海南省首个获此殊荣的产品……它远销香港、英国和东南亚等20多个国家和地区。泰国许多地区把它列为王牌茶叶，家家必备。

据说，70万年前，白沙茶场还是一片不高的岭地，海南最大的河流——南渡江从南面的高山里奔出，穿越此地转流向北，与两条溪流汇合才又朝东北方向滚滚而去。被河流一直温润的岭地，绝对是动植物生长的理想乐园。可以想象，当时这里该是芳草萋萋、古木参天的热带雨林王国，先辈们尚在树上或在河道里觅食嬉戏、欢闹不停。直

① 广东海南区：指广东省海南行政区，海南在建省之前，属于广东省的一个行政区。

到有一天，一块玩世不恭的天外小行星，以直径 180 米的巨大块头，以每秒 24 公里的速度，狠狠地向它砸来，轰隆——一声巨响，随之而来的是冲天而起的蘑菇云状巨大烟柱，烟尘滚滚，飞沙走石。巨大的冲击波引起了森林大火，方圆几十里烈焰翻腾，生灵涂炭。待一切都归于平静之后，此处残留下一个直径 3.7 公里的碗状陨石坑。有关专家曾经到这里考察，采用了 X 射线衍射方法测定，陨石坑中冲击角砾岩石的矿物相当丰富，可以说，正因为坑中的矿物质不断给土壤增加肥力，对植物生长有比较好的帮助作用，所以，这里种出的茶才显得色泽光亮，品质优良，口感美妙，使坑外种出的茶无法与之媲美。当地群众也反映，坑内外采的草药就是不一样，坑内草药的功效就是比坑外的好。

陨石坑是灾难之后的福祉，如同失败之后的成功；陨石坑是白沙绿茶的乐园，如同大江大海是成千上万个鱼类的幸福之家。来到这片山地的游人，只要纵情地游荡、徜徉，就会听见风儿抚摸茶树的声音，只要随手摘下一片茶叶闻一闻，就会闻到一缕缕苦涩轮回的甘美和温热释放的醇香……

第三节　林木年年创效益

黎族地处热带雨林原生地，雨热丰富，森林覆盖率高，积蓄着大量木材资源。据《海南岛史》记载，民国初期的崖县（今三亚市）“宁远河流域沿岸森林，沿河有旗岭、嘉乐岭、抱龙岭、打蕴岭、乳岭、黑石岭、立才岭、仰斗岭、黎峒村等处，森林密布，分布着花梨、石梓、荔枝、高根、青梅、竹叶松等良材，所产原木材，除本地用外，还有出口……”民国二十二年（1933 年），广东省建设厅琼崖绥靖公署派员调查，崖县有四大片天然森林：宁远河森林，在南山岭一带约 5

万亩；洋林岭森林，约3万亩；代毛岭森林，约2万亩；抱蕴岭森林（今属保亭县），约6000亩。其他市县情况大致相仿。据1956年广东省热带、亚热带开发委员会调查，三亚森林面积102万余亩，森林覆盖率36.03％，森林蓄积量839.33万立方米；白沙县林地面积133万亩，其中原始森林32.5万亩，森林覆盖率42％；保亭县59.3万亩，木材蓄积量575万立方米；琼中县林地面积196万亩，其中森林面积183.72万亩，森林覆盖率44％，活立木蓄积量为775.77万立方米。2007年，三亚市森林面积137.9万亩，森林覆盖率达81％，位居全省前列。

黎族人民自古以来就有植树的习惯。据《琼中县志》等有关资料记载，黎族农民有自行采集荔枝、龙眼、菠萝蜜、芒果和母生树种子育苗自种的习惯。因此，民国时期，常有外来商人雇请黎族农民择优砍伐林木，所伐树木多为母生、坡垒、油丹、花梨等珍贵树种，从万泉河、南渡江等水路运往外地销售。新中国成立前，山林的所有权、管理权归统治者所有，黎族民众开发或砍伐林木须经他们同意并上缴一定的费用。新中国成立后，林权归人民政府，具体由各县人民政府农建科兼管。1954年各县政府林业科成立，林业管理权交给林业科。1961年成立林业局，在各林区或乡镇成立林业站。自从1958年以来，黎族地区的林业生产始终贯彻自采、自育、自造原则，并采取飞播造林、全民义务植树造林、基地造林等形式。1958年白沙细水公社南晚地区黎族群众采集花梨种子70公斤，供应海南各地造林；1964年白沙邦溪林场采集母生和南亚松树种供应本地和外地造林。1979年以后，黎族地区林业生产实行“三定”（稳定山林权、划定自留山、确定林业生产责任制），进一步调动国营、集体和个人植树造林的积极性，造林效果明显提高。白沙、保亭、琼中、三亚等市县不断强化造林的育苗和播种工作。1985年，白沙县南高岭林场一年完成两年的造林任务，邦溪区组织专业队伍营造126亩丰产林，青松供销社停薪留职职工陈某造林117亩，加兴村农民刘某种植桉树1.3万棵，光雅可好村农民符某种植母生、苦楝、樟树等4000多棵，牙和新村农民符某到南高岭林场承包土地造林500亩。保亭县1953年开始进行人工造林，到了1990年累计采集树种12 567公斤，所采集树种分乡土种和外地种，乡土种除了在本地采集外，还到岛内其他市县采集。保亭县先后建立了保城、三道等8个苗圃基地，琼中县也先后建立了红岛、什运等8个苗圃基地。

黎族地区的林业也经历过一场灾难，1958年"大炼钢铁"和后来的"文化大革命"运动出现乱砍滥伐，危害了很多森林资源。

黎族地区林业为国家的社会主义建设事业做出了巨大贡献，仅琼中于1976年就采伐木材1.4万立方米，其他年份的采伐量都在7000立方米以上。白沙也一样，每年采伐量都在5000立方米以上。这些木材都交国家统一调拨分配。①

一、漫山遍野橡胶林

在海南岛上，不论你走国道、省道或是山沟岭地、乡间小路，都会看到连缀成一片片的橡胶林，那绿色的葳蕤的枝叶一丫丫一团团地相互拥簇着覆盖而去，掩没高高低低的丘陵、山岭，一概向望不着边的深蓝天际逶迤奔涌，像一张硕大无朋的天网。

橡胶树，从绿化角度来说，它的树本高大浓绿，对于绿化美化生态环境无疑是具有举足轻重的作用；从经济角度来说，它的树皮肥美，汁液丰沛，每棵每年能产胶水40公斤以上，产生经济价值在300元以上。当然，它是水性的，往往难抵海上袭来的强台风。人们常说，橡

① 程昭星，林开耀，程鹏．中国共产党与黎族社会发展．北京：中央文献出版社，2010：290～294．

胶树就像坐月子的娘儿们，乳汁过多，身肥骨酥，抗不住任何外力的粗暴打击。因此，人们会在它们之间安插钢性的防风林。防风林主要由那些很有韧劲的马尾松、相思树和一些叫不上名的杂乱的树种组成，防风林给橡胶林提供了具有安全性的依托。

这些年来，黎族群众一直本着“以经济建设为中心，以保护生态环境为内容，以提高经济效益、生产效益、社会效益为目的”的原则，根据各自地理环境的特点，不断创建适合于种植橡胶的基地，不断推广科学技术的应用，不断调整橡胶的产业结构。黎族各市县都种植生产橡胶，据不完全统计，白沙黎族自治县 45 万亩，保亭黎族苗族自治县 38 万亩，琼中黎族苗族自治县 32 万多亩，五指山市 16 万亩，昌江黎族自治县 5 万亩，东方黎族自治县 6 万亩，陵水黎族自治县 7.78 万亩，乐东黎族自治县 7.6 万亩，三亚市黎族乡镇 2.86 万亩，万宁市黎族乡镇 1.76 万亩。

以白沙黎族自治县为例。过去，县内农村栽培的橡胶品种主要有马研 600 号、机梯 1 号、印尼 107、PB86 和海垦 1 号。1957 年，县里从外地引进一批实生橡胶苗，先在七坊公社的南洋、查苗、缨歌、长龙等部分农业社和国营白沙农场种植 295 亩，并育下种苗 30 多万株，然后又种植 8951 亩，至 1966 年存活 4540 亩。1969～1972 年累积到达面积 1.75 万亩，但由于管理不善，到了 1976 年仅存活 110 亩。1980 年以后，人们开始注重发挥科技作用，从定标、筑台、挖穴到种植都严格按技术规程操作，抛弃不良品种，推广“热研 88—13”和“热研 7－33－97”等优良树种，确保橡胶成活率达 93％。1983 年，橡胶北移种植获得成功，它标志着白沙县的整个县域将铺开面积种植橡胶。

白沙县打安镇农民在海南办经济特区前，还是穷得住茅草屋。1988 年以后，他们大力开垦荒地种植橡胶。2007 年，他们仅橡胶这一

割胶 （奥雅摄）

项年收入人均达 5000 元。2010 年，全镇橡胶面积已达 53 217 亩，其中收获面积达 39 913 亩，干胶产量达 3293 吨，仅此一项人均年收入达 8038 元。截至 2008 年，全镇已经消灭了茅草屋，许多群众住上了两层以上的“小洋楼”。该镇的地宝村仅有 21 户人家，男女老少 114 人，截至 2010 年年底，全村拥有各类经济作物 1230 亩，户均 64 亩，其中橡胶 1035 亩，开割 980 亩，每年干胶产量 200 吨以上，全村一年纯收入 149.05 万元，人均 13 070 元。2005 年，该村就成了省民房改造示范点，全村 14 户人住上了“小洋楼”，7 户人住上平顶房。该村在强化民房改造的基础上，还加强村庄道路、党员活动室、村民文化室的硬化、亮化、美化建设。现在，地宝村的群众富裕文明，知书达礼，村容村貌整洁卫生，四季花果飘香。令人欣喜的是，该村先后诞生了两

位全国劳动模范，多次荣获国家和省授予荣誉：2004 年 11 月海南省司法厅、民政厅授予“民主法治示范村”；2005 年海南省精神文明建设指导委员会授予“海南省 2000～2004 年度文明生态村建设示范村”；2005 年 1 月中央精神文明建设指导委员会授予“全国文明村镇”；2007 年 11 月国务院授予“全国绿色小康村”；2008 年 12 月中央精神文明建设指导委员会授予“全国文明村镇”；2009 年 12 月海南省国土环境资源厅授予“海南省小康环保示范村”。

二、房前屋后花梨木

在房前屋后种植心仪的树木花草应该是人类沿袭下来的信仰或习性——一种原始图腾崇拜的继续存留或者是发扬光大。追古溯今，我们都会领略到人类这种对于自然之物的关爱之心和崇拜之情。“如果说原始先民把树视为神灵，认为自己所崇拜的树与自身有某种血缘和亲属关系，那么，今人却在受先民绿色图腾信仰影响的同时，产生了新的思想、新的观念，他们把树当成自己绿色家园的‘伙伴’，精心爱护，科学管理，让故乡的林木郁郁葱葱……”①

走访黎族村庄，特别是来到东方市，来到东方市种植黄花梨树的山区黎族村庄，会对这种信仰和习性有颇多的感触。黄花梨树，别名叫降香黄檀，是黎族最早崇拜的“树神”之一，因为它最早被纳入黎族民间药方，用于治疗风湿、腰痛、高血压等病。它总是保有一种浓郁的香气，可提神醒目，养脑静心。人们懂得把花梨木煅成碎片，放入罐子中用火烧，在罐口处盖上一个小碗，过一定时间后就会看到碗沿处溢出油渍，这个油便是山油柑碱。山油柑碱能够抗癌，还有止痛止痒止血，缓解各种皮肤病的作用。它细腻均匀，纹理清晰，材质刚

① 齐见龙，陈立浩. 热带雨林绿韵风姿. 海口：南海出版公司，2006.

柔，抗腐性强，自唐朝起就被视为上乘佳品进贡朝廷，征服了诸多皇帝，备受追宠。在朝廷中，它不仅被制作成各种风格的高档家具，还被雕刻成各类器物或饰品；它不仅是有着动人传奇的精灵，而且是朝廷的一种高雅尊贵的表征。到了如今，人们更加珍惜黄花梨木的高贵价值，随着海南黄花梨收藏协会、根雕文化艺术协会的成立，随着工艺美术大师的不断增多和积极参与，被精心加工而出的黄花梨木产品进入了画院、陈列馆、根宝斋和联展厅。走进位于东方市东海路维康明珠宾馆的根宝斋，呈现于眼前的是数百件形态万千、流光溢彩的黄花梨根雕，其中参加全国第十一届根艺精品联展并荣获金银铜奖的《中华瑰宝》、《歌舞升平》和《奔飞》最为引人瞩目。真难想象，这些工艺美术师们是如何在灼热的阳光下穿梭于崇山峻岭，艰难而细心收集这些大自然恩赐于人类的伟大礼物。

其实，在巨大经济价值的诱惑下，在贪婪人心的怂恿下，海南原始花梨木几近绝种。东方市人民早就看到了这点，早就产生了挽救这一濒危植物的决心和毅力。东方市的领导同志早已安排有关单位的人员抓紧育苗，并在全市范围内免费发放，号召村民们积极种植花梨木。截至 2010 年，他们已经培植了 50 万株海南黄花梨，经过精心照料，目前已有 50～60 厘米高。他们计划 2010～2015 年，每年种植 50 万株，将在当地 78 个少数民族村庄打造一批“花梨文化村”、“花梨生态村”。

其实，在东方市，俄贤岭的花梨木才是最出色。这地方的地质土壤、阳光水分最为适合花梨木的生长，并造就它们独一无二的品质。驶车经过大广坝水库区后，我们直奔俄贤岭下的东河镇南浪村。一路上，看到的便是人们沿路两侧种植的花梨树，一行行地铺向山腰，长势相当旺盛，让人仿佛看到一种铺满金银的未来世界。我们在南浪村见到了村支部书记张文华，在他家的院子里，有一棵直径约 20 厘米的

花梨树，正展示出不可言喻的勃勃生机。他说，在东方市全面启动种植花梨之前，他们已经在俄贤岭中培育出原始花梨种苗40多万株，广销全省以及福建广东一带地区。在培育之前，他是收购山药等各类药材的，后来知道花梨木的独特情况，才产生了深厚的感情。他收购、种植花梨，渐渐地富裕了起来。他家盖起了小洋楼，买了汽车、空调等，一改了过去穷困的面貌。在富裕的同时，他带领村民在山上、村路两旁、房前屋后大量种植花梨，终于致富了全村。南浪村祖祖辈辈居住茅草屋，富裕了以后人们都纷纷建筑新居。在建筑新居时，人们都保留过去在房前屋后种植的花梨树。南浪村虽在大山深处，90余户人家，386人，但是，因为有了俄贤岭这块风水宝地生产出来的花梨木而闻名遐迩，各地客商纷纷前来探寻商机。这次与我们一起到南浪村的还有东河镇的文臻书记。他说，他们在2003年就开始带领群众种植花梨。2010年，东方市政府又免费为东河镇发放了9万株花梨树苗，群众马上就种完了。现在，走在东河镇的每个村庄，都能看到村路两旁、家家户户、房前屋后种植着价格昂贵的花梨木。

三、胆木易栽收益快

胆木，又名药乌檀，又称为山熊胆、熊胆树、细叶黄棵木、黄羊木等。为茜草科乌檀属乔木乌檀干燥的茎、枝、树皮和根。胆木性味苦、寒，具有清热解毒，消肿止痛之功效。我国广西、广东和海南民间常用于感冒发热、肺炎、肠炎、痢疾、湿疹、皮疹、脓疡等病的治疗。广州部队编的《常用中草药手册》：“清热解毒，消肿止痛。治急性扁桃体炎、咽喉炎、乳腺炎、肠炎、菌痢、尿路感染、胆囊炎、下肢溃疡、脚癣感染、疖肿脓疡、皮炎湿疹。”临床应用于清热解毒，有报道称胆木注射液用于治疗钩端螺旋体病和治疗多种炎症，如急性扁桃体炎、咽喉炎、上呼吸道感染、支气管炎、肺炎、结膜炎、麦粒肿、牙周脓肿、水痘合并感染、中耳炎、烧伤感染、泌尿系统感染以及手术后预防感染等。

目前，海南省有资质生产以胆木为原料的中药企业有两家，一个是海南金光制药厂，另一个是海南（五指山）制药厂。这两家企业早在20世纪90年代中后期就落户海南，目的是开发创新海南的南药，打造出闻名全国的南药品牌，创建规模化、系统化的南药产业链。这两家企业首先瞄准的就是胆木。广东阳春人罗才良第一个来到琼中县营根镇成立海南金光药业有限公司，第一个创造性地与数家科研机构合作种植研发胆木药材。当时，海南的胆木以野生为主，有少量为农民分散种植。按生产能力而言，海南制药厂胆木原料的日供应量应在28吨左右，年供应量约为1万吨，海南金光制药厂每年至少也需2000吨，但是，由于野生胆木的砍伐受到政府及有关部门的严格限制，每年只给100～500吨的野生胆木指标，而农民分散种植的也只是少量，真是供不应求，缺口极大。因此，他们第一个考虑到的是扩大胆木的种植规模。如果总是从天然药材中提取成分制药，天然胆木早晚会绝种，而且还会破坏生态平衡，只有进行规范化、规模化的人工种植，才能生成丰富的可持续增长的药材资源优势，才能为今后发展南药产业化生产打下坚实的基础。于是，他们向海南当地政府提出了退耕还“药”的想法并进行部分实施。海南当地政府也意识到了这个问题，开始着手规划和推动南药产业化进程，制定配套资金、技术人才保障、税收优惠、产品研发、基地建设等鼓励性措施，对南药研发机构和企业实行政策倾斜，开展南药多学科商业性研究，引导南药企业不断进行技术创新，提高产品附加值和优良品种资源保护。

在琼中县委、县政府的大力支持下，海南金光制药厂第一个以“公司＋农户”的方式，开垦荒山耕地培植胆木。1999年开始投资并组织培育胆木苗，插播成功后，2002年开始小面积种植，2003年种植

2000 亩，2004 年种植面积达到 4000 亩，2005 年种植面积达到 4800 亩。目前，海南金光药业有限公司的药材生长储量已达 1.8 万吨；计划至 2012 年扩种胆木药材至 1.5 万亩。2005～2007 年投资 1700 多万元，建成植物提取、固体（片剂、硬胶囊、颗粒）、软胶囊制剂生产线；投资 1580 多万元建设产品营销 GSP，通过药品、食品生产 GMP 和营销 GSP 认证。工业产能年产规模片剂、硬、软胶囊各 1.5 亿粒（片），颗粒剂 0.5 亿袋，工业年产值 3 亿元。该公司总裁罗才良向笔者透露，自从胆木胶囊成为国内外畅销药品后，金光药业加大胆木种植基地，到目前为止，胆木种植面积已超 4 万亩。因收购价格的昂贵，牵动广大种植户的大力投入，直接地牵动当地的经济。他还高兴地说，了不起了，海南金光制药厂已经建成了独一无二的、绿色环保的、可持续发展的“黎药”种植（GAP）、“黎药”生产（GMP）、“黎药”营销（GSP）、“黎药”研发（GLP）一体化的“生态黎药经济”。

在五指山市委、市政府的大力支持下，海南（五指山）制药厂，2001 年组织培育胆木苗，2003 年种植 400 亩作为标准化示范基地，并推广到农户种植 3000 多亩。截至 2010 年，该厂已研制出胆木注射液、胆木浸膏片、胆木糖浆剂、胆木抗感解毒颗粒、胆木酒等一系列胆木药品，销往国内外各大市场，形成了从种植业延伸到提取、回收、成品、销售这 6 个环节的产业链。海南制药厂有限公司的副总经理曹琦告诉笔者，2003 年开始他们根据地理环境的优势，选择在五指山市冲山镇发展胆木种植。结果显示，胆木具有较强的适应性和良好的抗逆性，在五指山地区生长良好，大田种植前三年生长年平均胸茎达 4.3 厘米，以后生长加快，五年生树年平均胸茎 7.1 厘米；砍伐后萌芽生长能力很强，每株可萌发新芽 3～5 条；病害较少，虫害中等；是药用、造林、绿化环境的优质树种。她还说，发展胆木种植产业，一方面可以为药厂提供充足的原料，另一方面可以带动当地农民脱贫致富。

去年种植基地又育苗50万株，分别按两毛钱一株卖给农户，进行大面积种植。而药厂收购农户药材的价格是1.3元/公斤，如果按每亩种植110株，一株产量为0.5吨，那么一年产值就可以达到2500元/亩。当地农户的收入非常可观。

四、一棵沉香吃一辈

在笔者的山区故乡有一位老人，他性格内向，不善交际，独自一人，生活却过得比较宽裕，因为屋门前的一棵沉香树一直在给他带来经济收入。

这里提到的沉香，是笔者亲眼目睹了许多次的海南沉香。海南自古就有沉香，学名就叫琼脂。琼是海南岛的简称，说明海南很早就出了大名鼎鼎的沉香。历史上，沉香主要分布在海南、广东、广西、云南、福建等省区。据古籍记载，宋、明、清代，源源不断的海南沉香通过各种途径运往内地，当时的海南岛可谓"香岛"。明代医学家李时珍，在《本草纲目》中对东南亚各国的沉香做出这样的评价："占城不若真腊，真腊不若海南黎峒。黎峒又以万安黎母山东峒者，冠绝天下，谓之海南沉，一片万钱。"占城，指今天的越南南部，真腊指柬埔寨。"万安黎母山东峒"，指的是海南省琼中县和五指山市黎族生活的一带山区。

沉香是瑞香科植物白木香或沉香等树木的厚皮层和树芯部位的产物。沉香树当受到外伤或真菌感染刺激后，会大量分泌带有浓郁香味的树脂。干枯了的沉香木用来燃烧熏香、提取香料、加入酒中，或加工成家具，或直接雕刻成装饰品。它成不规则块状或盔帽状，有的为小碎块。块片一面坚实，木质，有凿削痕，淡棕色，间有棕黑色微显光泽的斑块或小点（是分泌物）；另一面是树脂渗出固结面，土黄棕色，凹凸不平，有裂纹，并见蜂窝状小孔，在放大镜下观察显颗粒性，有疏松感，刀割之呈粉末状脱落。质硬，大多不沉于水。有特异香气，

味微苦；燃烧时发浓烟及强烈香气，并有黑色油状物渗出。沉香具有降气温中，暖肾纳气，行气止痛，温中止呕，纳气平喘等功效，用于治疗胸腹胀闷疼痛、胃寒呕吐呃逆、肾虚气逆喘急等病症。土沉香含挥发油及树脂，挥发油中含沉香螺醇，具有镇静作用。药用具有行气止痛、调中平肝、温肾纳气之功效。主治气逆喘息，呕吐呃逆，脘腹胀痛，腰膝虚冷，大肠虚秘，小便气淋，男子精冷等。

在海南生成的沉香树一般要10～20年才能产香，而这个树龄的油脂主要集中在主干的表皮，一般的树头部位、丫杈部位、创伤口部位都易于结集油脂。这种结集油脂比较低级别，只适宜于药用方面或提炼精油。而一些有200年以上树龄的老树，油脂结集得较好，甚至于树干的芯部也富含油脂，这种沉香就特别珍贵了，因为可以加工雕刻成各种工艺品流传后世。

海南沉香中的黄油格和黑油格是最好的沉香之一。沉香黑油格，取材于海南岛五指山的沉香老树头芯材，东峒是五指山海拔最高的山峰，终年阳光充沛。海南黎语里，“格”是指木材的芯部。黑油格的基本色泽为黑褐色，略有浅黄色相间，斑纹呈不规则片状或团状，毛孔为点状，此一特点是目前作假者所难以伪造的。黑油格大多是沉水料，其香味重而不浓，非常有凝聚性，与其深邃的外表相符，被称之为沉香中的绅士。黑油格沉香，初闻起来香味温和纯正，较为明显，烧之香气更为芳甜浑厚，黑油格的药用价值较高。

当前，沉香价值昂贵。市场上的沉香油脂，低级的每克在十多元，高级的每克在几百元以上，沉香木那更是不得了，沉香木制成的珠串把件等玩品在市场上往往是天价。福建莆田展出一张沉香木龙床用了3吨沉香木，雕上了55条活灵活现的青龙的宫廷龙床，售价5亿元。据专家估计，这张沉香木龙床价值20亿元。

第六章

奇特瑰丽的艺术

艺术是一种源于社会生活而又往往高于社会生活的形象的情感的反映。古希腊哲学家赫拉克利特提出艺术的本质是对自然的模仿。亚里士多德完善了模仿说。他说模仿是“人的天性”，“人从孩提时候起就有模仿的本能”，“即便是‘尸首或最可鄙的动物形象’，只要能给予惟妙惟肖的模仿都能使人产生快感”① 画家用颜色去模仿，雕塑家用雕像去模仿，歌唱家用声音去模仿，舞蹈家用肢体去模仿，织锦用纺线去模仿，史诗用语言去模仿，悲剧用行动去模仿。人类的模仿技艺随着大脑的发达和经验的丰富而逐步走向完美，因而也产生了不同的艺术门类和多样的艺术追求。

我们说，黎族是农耕兼有渔猎的海岛民族，他们的人生基调与生命脉络正是蓝色海洋和绿色山地所赋予的，他们的所有的艺术也正是架构于海的形制和山的魂魄之中，经过千万年自觉自悟的模仿和再现、磨砺和锻造，走到今天业已展示出奇特瑰丽的色彩。

---

① 杨琪．艺术学概论．北京：高等教育出版社，2009：24.

第一节 生生不息的民间歌舞

喜庆舞蹈 （奥雅摄）

一、创世古歌《五指山传》

《五指山传》只有1300多行，却是内涵丰富，艺术成就巨大。它大多数地方用上重复的字或句，再配上乐曲的重音来吟唱，使得歌者能够得到淋漓尽致的动情抒怀，听者则能触发对于时光流淌和生命置换的百般感思。它取材于黎族人类起源和形成过程中的重要阶段与重大事件，并从天地、人类、万物的来历开始叙述，以丰富的想象、生动的形象和浪漫的口语，从多方面多角度叙述黎族先民在征服自然、繁衍生息的过程中，勇于拼搏，敢于进取，善于生存，表现出惊人的勇气、坚韧的毅力和无穷的智慧，以及自强不息、百折不挠和英勇献身的斗争精神。如序歌部分：

呵……/去呵去呵咳/父去儿传代/赛人兴未衰/河干海尚在/甜从苦中来；

如吟唱先民处境之困苦：

山粱水漫漫/山粱从未干/吃的无处找/住的也艰难；

如叙述先民刀耕火种的劳动生活：

砍山晒得干/烧园不误耽/满脸黑如炭/小儿也内行……木尖好插坑/包米点中央/两旁山兰种/石边大树旁……山兰长得壮/包饭真是香/刀耕与火种/番薯满山藏……有手有吃穿/刀火做世间/赛人会吃苦/赛人终生忙；

如先民遭遇抢劫和战胜邪恶的场面：

一日山贼到/抢牛占山包/物件全劫了/放火烧草寮……

众人奋起反抗，追打山贼，英勇善战，一举“射死几百妖”，结果“一山是死贼，如同山魈嚎”。《五指山传》具有神秘的想象力：

初古的时代/天地不分开/日月昏蒙蒙/山岭阴霾霾/苍天连大海/白云伴尘埃/世间本无物/全从天上来/天宫有气派/排场

盛未衰/彩绣铺地毯/香云漫天台……

《五指山传》具有活跃的形象思维：

飞鸟来不少/点头与哈腰/世间事真怪/飞鸟来搭桥……鸟衔火石到/斑鸠抱柴烧/老鹰拿刀斧/鸡群放锅瓢……

二、创世舞蹈《驱鬼舞》

《驱鬼舞》是系列舞蹈，《打碗舞》是其中的一个舞蹈。它是黎族先民最早演绎的舞蹈。这个舞蹈最早是专门给生病的孩儿们跳的。事先，病孩儿的家人都要请来“娘母”（人与鬼之间的代言人，汉族人称为“巫”），遵照娘母的吩咐，人们在病孩儿躺卧的床边上摆设方桌，然后摆上一炉火，一碗米，一碗肉，两把稻草，还有一把锋利的石器。娘母右手持着山剑叶，一边哼唱咒语一边伸臂、开胯、踏脚、跺步，接着是带领病孩儿的家人跳起《打碗舞》。娘母头上顶着置了米的碗，左手叉腰或向内外摆动，手持筷子的病孩儿的家人紧随其后跳动，娘母往头上舞动山剑叶，病孩儿的家人要伸出筷子轻轻地敲一下碗。舞步多为一拍一步的前进和后退步，时而也有横侧步，时而双膝上下略为伸屈抖动，双肩随舞步左右微微摆动……在《打碗舞》中，娘母的伸臂、开胯、踏脚、跺步等动作跟海边发生的诅咒“海鬼”的动作是有关联的，虽然《打碗舞》是诅咒驱逐另外一种“鬼”，但是，先民们对自然界的许多现象不理解，认为冥冥中有“鬼”在主宰一切是一致的，而且当他们遇到灾难或疑难时，都会去求“鬼”保佑或询问“鬼”的指示。其实，《打碗舞》不管是形式动作，还是意图指向都已经取得了相当大的充实与壮大、延续与发展，它即便还是那样的形似简单，却已经走出“非艺术的艺术”、“艺术前的艺术”之境地，升级为初步具有艺术水平的民间舞蹈了。

黎族的先民创造了关于驱鬼的一系列舞蹈，而每一个舞蹈都有自身独特动作和意向，祭拜或驱逐不同的“鬼”自有不同的主题动作和辅助动作。例如，《“温娲”舞》的“温娲”是面目全非之意。它是比较大型的用来替族群驱除灾难的舞蹈。它最初的形式是跳舞之前，人们都要将自己的身体从头到脚涂饰一番，装扮成各种凶猛的动物，意在于以非人的、勇猛的面目及力气去抗击魔鬼。它选择在有月光的夜间，舞场一般在村口，不需要更多的摆设，只需在舞场的旁边燃起一堆篝火。村里的男女配对参加，手里各执一束山剑叶，有的还拿着木杖，杖上绑着动物的羽毛和荆棘。人们双双跳跃出列，挥舞一阵手里的东西之后，便向后退去，当人们再度出场时，走在前面的人已携着一个奇异粗劣的草人（鬼的化身），高举在天空，草人的身上扎满了锋利的荆棘。人们围住草人，一边挥舞着木杖和山剑叶，一边移动和踩踏着富有节奏的脚步。人们狂舞和呐喊着，一直到再次退隐而去……

三、海洋歌舞

在三亚鹿回头的海边散步，我们会听见靠岸驶船的黎族姑娘唱着《出海歌》：

走上岭顶瞪见海/阿哥驶船驶愚愚/要手捧香拜三拜/得见哥船转回来……

在三亚的某个演出场所，我们会看到黎族舞蹈家编导的舞蹈《黎族赶海人》：在一艘大渔船上，一群渔民正在往海里撒下大网，不一会儿，一批鳞光闪闪的鱼儿钻进了渔网。定神看，扮演渔民的是黎族小伙子，而扮演鱼儿的是那些可爱的小朋友。小伙子们抛、甩、挪、牵、

拉、拽，演绎海上捕捞的变化动作，小朋友们则蹦蹦跳跳、飞飞跃跃，显得兴高采烈，呈现一派欢闹丰收的耕海图景……

三亚是相当重视培植和打造海洋歌舞的一座热带滨海旅游城市。三亚市文体、文联部门所辖的文工团、艺术团和几位民族艺术家借助三亚本土具有的得天独厚的海洋艺术资源，一直严肃而又活泼地开掘和提炼出富有特色性和代表性的歌舞作品，诚如陈健、何擎国、康少华、黎玉香、李志云等创作编导的一直在久演不衰的《鹿回头》、《黄道婆与黎妹》、《夜光螺》、《西沙姑娘》、《椰壳舞》、《三月三之恋》、《篝火圆舞》、《黎家赶海人》、《奔胆馁》、《祖国，我在您的怀抱中》等。他们最显著的共同特点就是能够把一批既富有三亚本乡本土特色又兼有一些异域风情的歌舞节目融入到不同景区的不同文化氛围和不同观众的需求当中，不但使景区的旅游从“白天看庙，晚上睡觉”转变为“白天游山玩水，晚上听歌观舞”，而且给地域文化和城市形象增添了丰富多彩的内涵和外延，深受游客和当地观众的欢迎和爱戴。

神话歌剧《鹿回头》诞生于1980年，海洋歌舞的扛鼎之作。该剧是根据三亚黎族民间传说编写的，分六个场序，参演人数较多。主要人物有：巴当——青年猎人，拜娘——梅花鹿变的黎族姑娘，灵芝——小鹿，打汶——老鹿，第一次出场时已变成黎族老人，山豹——兽王，龙木——红鼻子狐狸，众鹿——第三场出场时均变为黎族青年男女。剧情：很久以前，黎族猎手巴当从山豹手中救下一只梅花鹿……梅花鹿在前面跑，巴当在后面追，经过五指山、万泉河、槟榔园、椰子林，直到天涯海角，梅花鹿才回过头来，即刻变成一位美丽的黎族姑娘拜娘。巴当与拜娘在天涯海角相识，在“三月三”相恋，在槟榔树下相爱。五指山中，有一群愚蠢、贪婪的野妖，为首的山豹为了得到梅花鹿，想尽了办法，跟龙木一起设毒计，并施展妖术来欺骗和杀害巴当，然后变成巴当去拜娘那里骗婚，拜娘险些上当受骗，在打汶老爹等众人的帮助下除去了山豹和龙木。善良的梅花鹿为让心爱的巴当复活，毅然割下自己宝贵的茸角给巴当服用，巴当终于重新回到人间，与拜娘团圆……

这部神话歌剧显然是传统歌舞剧的一种体裁，它的戏剧性冲突分布在“起、承、转、合”的分幕分场之中，各幕各场面的歌舞语言均围绕既定的“戏剧性”任务来展开。它综合了能够互相辅助的词、乐、舞，便于群众理解和掌握，是一种通俗化的艺术形式。它且歌且舞，声情并茂，出现了适合于迎合词和乐的一些舞蹈动作。它的特点是善于抒情，长于叙事，有戏剧情节和矛盾冲突，当对唱对舞时，能够辩论和说理，能够表达人们复杂、细致的思想和广泛的生活内容，还可以描绘各种人物和周围的景物。

鹿回头　（海南省民族歌舞团提供）

四、山岭歌舞

山岭也有爱情歌、婚姻歌、节日歌等，其特色歌谣主要有《砍山歌》和《狩猎歌》。

《砍山歌》：

吃节完上山/我去找地方/找一块好地/树高有荫凉/找地上高岭/岭上有黄猄/小山不用砍/砍近旧山兰……

《砍山兰歌》：

这里出的稻穗长哟/这里瓜儿甜又香/这里棉桃白又大/这里地肥好开荒/开荒近村头/鸡狗常骚扰/开荒远离村/草多除不了/往年还有嫂子帮/今年呀/只有我独自操劳/请人又没钱/走开呀，快，山姑娘/免让树低砸头顶/免让榕枝打到脸/打到脸你会哭叫/打到脚你会抽筋……

《狩猎歌》：

呜——喂/昨夜去巡岭/昨夜去打山/打着头山猪/打着只坡鹿/一铳打一个/抽山藤来绑/砍木棍来扛/两人扛一个/两人扛一只/扛下到山脚/阿迈就碰着/扛来到园边/阿常就见着/扛来到路上/阿笛就见着/扛来到田头/阿腰就见着/扛来到篱边/阿伦就见着/扛回到竹寮/阿努就见着/扛回到村里……

《打猎歌》形象地反映了个人狩猎时各种工具派上不同的用场以对付不同的猎物：

左手牵着小猎狗/右手拿着弓和箭/身上斜挎新猎枪/三窜两跳上山冈/看见黄猄用箭射/遇上兔子放狗捉/撞着蟒蛇用藤

缚/猎枪专打梅花鹿……

《夜猎歌》描述的是个人到野外打猎的过程：

身上挂弓箭/手里拿粉枪/蹲在树头上/巡在山路上/开枪枪声响/打着只黄猄……

山岭舞蹈最具有代表性的要数舞剧《甘工鸟》。春天来到五指山，木棉花盛开，成双成对的鸟儿一边“甘工！甘工”地叫着，一边飞往五指山的一个南部支脉七仙岭。它们盘旋着、呼唤着……这个神话故事讲的是一对黎族青年男女，为了争取自由的生活和幸福的爱情，敢于同凶恶的压迫者进行不屈的斗争，最后双双化鸟，飞入山林。

舞剧《甘工鸟》诞生于1980年，该剧共分五场。第一场：泉边萌情；第二场：神箫恋歌；第三场：智斗妖精；第四场：婚夜遇难；第五场：含恨比翼。舞剧是根据黎族群众口头流传和诗人杜桐创作的长篇叙事诗，并综合了芭蕾舞剧和中国戏曲以及黎族传统舞蹈的经验而创作的。它是海南黎族苗族自治州歌舞团新中国成立后凭自身力量第一次尝试创作的大型舞剧。

《甘工鸟》舞蹈安排能够紧紧结合剧情的需要，每一幕舞蹈都很有民族特色和富有魅力。人物的独舞、双人舞既能充分表达剧情，又具有浓郁的民族民间生活色彩。男女首席的舞蹈动作能够恰如其分地表现自身的性格特征。女首席的舞蹈秀雅、优美而又柔韧、矫健，表现了娲甘温柔善良又富有斗争精神；男首席的舞蹈则刚健、粗犷和豪放，表现了劳海的刚强勇敢和不屈不挠。各种人物较多的生活场面和群舞也具备了丰富的民族特色，如第二场《神箫恋歌》这样的表现男女谈情说爱的场面就包含传统舞蹈《三月三》的素材，第四场《婚夜遇难》

的群舞则是从传统舞蹈《婚礼舞》点化而来的。因此，群舞既有继承又有创新，表现得格调清新，色彩绚丽。

舞剧的音乐主要采用经过加工了的黎族民歌和吹打乐曲，能够做到艺术地协调好音乐演奏与舞蹈表演的关系。舞剧在服装和灯光的运用方面也比较器重美的因素的和谐搭配，使得光彩色调与舞蹈情感节奏的发展相得益彰。

五、走遍世界的《打柴舞》

《打柴舞》是一种纪念逝者的舞蹈，诞生于三亚市崖城镇境内的黎族村庄。在崖城镇北岭村委会的郎典村一直得到传承和发展，前不久，国家有关部门定下了传承人，并准备拨款兴建传承馆。《打柴舞》最早的时候就不再像其他舞蹈那样使用喊叫或是铜锣伴奏，而是选择用一种发出清脆声音的上等木材：两根直径约 20 厘米的长 4～5 米的横木，配若干直径 3 厘米的长约 1.5 米的直木棒。木棒用于敲击横木。《崖州志》卷十三《黎防志一・黎情》记载，黎族人“作八必分花木，跳击杵”。即逝者去世的当天晚上，人们就在逝者家门前摆下舞阵，由某个长者当指挥，一旦长者一声令下，专人便将横竖之木敲击，男男女女轮流上阵，一般跳个把小时，接着夜夜如此，一直跳到逝者入土的前一天晚上。

《打柴舞》是在一系列《驱鬼舞》的基础上创造出来的，但它在形式和内容方面已经突破了一系列《驱鬼舞》的原有范式，在表现形式上模仿了人们熟悉的自然界动物的不甚正确的动作，丰富了舞蹈的线条与形态动作，进一步揭示人们的形体和心灵的语言，表现在内容上已经不单单是为了驱逐附于死者身上的鬼魂，还要安抚和超度亡灵，让死者安心地到一个称心舒适的境地中去，不但不要回来干扰生灵，而且能够从遥远的阴间托福给他们的子孙后代。它的道具的有规律有节奏的脆响声和自然展示出来的各种健美动作足以吸引和迷醉所有的人，也足以喧哗和骚动所有的事情。

现代打柴舞　（奥雅摄）

《打柴舞》事先就具备了可供不断开发利用的巨大艺术潜能，而且它可以不分疆界和门类，在任何场所都可以放射出异样的光彩。后来，由于外来文化与黎族文化得到不断的交流与融合，人们的审美意识在一种有形或无形的互补互惠之下得以充分改进，《打柴舞》的范式也随着人们的审美意识的改变而改变，显得十分狭窄而窘迫的木材让位给了竹竿（因此现在也叫做《竹竿舞》）——短短的木材变成了长长的竹竿，笨重的粗木换上了轻便的青皮竹，只能轮流跳动的屋前方块地移到了宽敞的晒场。后来，舞蹈不仅变成既有宗教又有劳动性能的舞蹈，经过人们的改编和充分运用之后还增添了娱乐性质的艺术氛围。谈到其娱乐艺术表现，可以用富有乐趣的各种舞步来说明。例如，磨刀步规定，“开张开张先莫跳，关跳关跳不夹脚”，意思是讲，横木条合拢

时才跳入，脚在着地之际木条恰好张开；踩踩步规定，先以左脚往合拢的木条间踏进去，紧接着后踩两步，随即右脚探入前面张开的木条缝隙中，再踩两步，如此不断往复；跑马步规定，左脚先跃入木条合拢处之瞬间，右脚紧跟着收入，脚跟点地后，左脚立即向前迈进；鹿跳步规定，先将弯向左侧的手按于膝盖，并脚跳过高低分开的木条，于空中蹬直左脚，犹如鹿跳过障碍物。除此之外，舞蹈还演化出“穿山过海洋”、“情人上路”、“跳八卦”、“田中鏖战”、“三军赴火山”、“飞跃龙门阵”、“勇闯斩头台”等新名词和新跳法。除此之外，舞蹈还得到了改造创新，全国各地的文艺团体根据各自的需要对它都有不同程度的改观或改进。

发展到了今天，《打柴舞》（《竹竿舞》）的用途和交际相当广泛，而且早已经走向全国各地、走向辽阔无边的人间世界。当人们想让它出现在丧事场所时，它就属于祭祀的舞蹈范畴，当人们想让它成为健身娱乐工具时，它就属于健身娱乐的舞蹈范畴，同样，作为劳动舞蹈的时候，它的意义范畴也在于劳动。改变艺术的性能和意义范畴的权力掌握在懂得民族艺术的与时俱进的人民的手中。

六、捧回国际金奖的《草笠舞》

1962 年 8 月，黎族舞蹈《草笠舞》由国家选送参加在芬兰首都赫尔辛基举行的“第八届世界青年与学生、和平与友谊联欢节舞蹈比赛”，荣获金质奖。

这个奖项来之不易。它是黎族人民爱戴的舞蹈家陈翘的力作。为了创作好这部作品，她曾经多次背着背包，深入到上百公里以外的白沙县的黎家村寨，和黎族姐妹们同吃、同住、同劳动。经过仔细观察，她发现了两种特殊的景观：一种是挂在屋角处的一排排鹿角和一串串山猪腮骨，那是黎族男子机灵善猎的证明；另一种是吊在屋檐下的草笠，那是黎家姑娘心灵手巧的象征。日久之后，她还了解到：并不是什么人砍来的野葵叶都能成为黎族姑娘头上的那顶草笠，只有姑娘的恋人特意从深山老林里采来的才是富有深情的原材料。这些葵叶经过姑娘的精心编排，再配上自己织绣的彩带和穗子，才能成为精美的草笠。它既可以遮雨挡热，又能够寄托绵绵情思，因而黎族姑娘对它表现出特别的钟情。她还发现，黎家许多颇具美感的生活画面无不与草笠有关：晨雾中，姑娘们戴着草笠出门，她们的身影很快被山间的雾霭笼罩，只剩下草笠那金黄色的尖顶在闪现；往高山上行进的姑娘们，生怕草木碰坏草笠，于是就解下来挂于腰间，人走笠动，笠随人飘，抬头眺望，满目是一排排小车轮在旋转、飞奔；劳动归来的姑娘们在小溪里洗漱嬉戏，草笠又成了姑娘们挡水的盾牌……一幕幕黎族姑娘们的生活画卷，激荡起舞蹈家的创作灵感与艺术冲动，一个个新颖的舞蹈动作如同一支支彩笔一样，即刻给舞蹈家的未来的舞台绘制出丰富多彩的舞场构图和肢体语汇。

《草笠舞》展示出一组曼妙无比的舞段：在夕阳的余晖中，在一派泛绿的稻田埂上，走过了一群劳动归来的黎族少女。她们挺胸、提胯、蹬脚，为心爱的草笠做出戴、提、甩、遮等抒情性动作，那被日光晒红了的脸上洋溢着天真无邪的笑意；她们欢欢喜喜地奔向水波潋滟的河道，临河照镜，洗漱风尘，对水梳妆，相互嬉戏，最后是带着劳动者特有的春风得意欢欢快快地回家去……舞蹈动作语汇恰如其分地描绘了黎族少女特有的健康、娇美而又略带羞涩。在整个舞蹈之中，黎族人民特有的时代风采和青春活力被展现得无懈可击。它也表明了著名编导的那种深入生活所呈现的精灵、果敢和睿智。

七、动感的舞蹈诗《达达瑟》

黎族大型舞蹈诗《达达瑟》是一部意象丰富、韵味十足的诗意作

品。它的名字很特别，“瑟达达”，黎语的意思是“非常美好”。《达达瑟》是按照汉语语法来称赞。它由序、上篇、中篇、下篇和尾声五个篇章组成。它总的特点是：传统的动作，舞蹈化的生活，舞蹈动作有扎实的生活依据，生活有传统特定的舞蹈动作予以表现。其中有的是表现生活习俗，有的是表现生产，有的是表现情爱，有的是传统节目或传统服饰的舞蹈表现，有的是传统民舞的新发现再整理。《序》以黎族老汉赶鸟的特写镜头作为引线，在朴实真挚的歌谣、竹器和鸟声中，表现了大自然的造化所赋予黎族人的独特的生命色调。上篇《拜扣的地，帕曼的天》(拜扣，黎语“女人”；帕曼，黎语“男人”)撷取黎族古倔奇特的生活习俗和富有韵味的生产片断，融入女子群舞《山兰女》、女声表演唱《摇篮调》和男子群舞《围猎曲》、《牛踩田》当中，构建了一组组优美无比的田园小诗篇，讴歌黎族女性勤劳善良的唯美情怀和男性披荆斩棘、开天辟地的不屈精神。中篇《拜扣与帕曼的三月三》选择比较浪漫的诗画色彩，在《探情谣》、《云山恋》、《迎新娘》、《黎乡夜》的歌与舞的缠绵交织和意象叠合之中，传达黎家人浓浓的乡情、人情和恋情，赞美了大自然赋予人们的美丽性情和气质。下篇《拜扣的舞，帕曼的歌》运用通感、借喻、隐喻、夸张等手法，在《山兰架》、《织彩锦》、《阿寿婆》时而舒缓、时而轻快、时而激荡的语调中展示出人们对于收获的喜悦和重新编织生活新图景所表现出来的聪明智慧。尾声部分以时而参差、时而错综、时而齐一、时而唱和的动态语言再现了走向人生理想境地的女人和男人的形象，在全剧中形成了人与人之间的内心对话和人与大自然的缱绻交响。

《达达瑟》的成功之处还在于巧妙地运用了暗示和隐喻，注意艺术表现的含蓄和节制，避免了将人之情感宣泄到一览无余而没有多少想象空间的问题，从而在刻画人物内心世界时能够达到生动自然、委婉含蓄、蕴藉清远、趣味无穷的艺术神韵，获得象外之象、味外之旨、

山兰架 （海南省民族歌舞团提供）

言外之致的美感效应。另外，它还成功地采用了“通感”[1] 这一艺术表现方法。《达达瑟》对于通感的使用表现在刻画人物上，注重探究人性之间的差异性，并在这种差异中捕捉人们对于事物的可以相互作用的感受和动态，富有把握地表现出每一个个体生命之不同阶段对于人生、道德、伦理与价值观念的感悟与抉择，同时表现出各种可以相互沟通和联结的人情、爱情和亲情。另外，在舞蹈动态形象上，它“串味”了苗族妇女背孩子用的山葵叶和国标舞探戈等，不仅能够让黎族和苗族之间和外来的艺术之间相互作用和共融共鸣，而且使人物形象展现

① 通感：是文艺心理学术语，也称联觉。它主要指艺术感觉的相互沟通和相互作用的一种情况，是一种已经产生的艺术感觉引起另一种艺术感觉的兴奋，或一种艺术感觉的作用借助于另一种艺术感觉的同时兴奋而得到加强的文艺心理现象。其表现为各种不同感受的相互联结、沟通和代替。它已经成为作家、艺术家感受现实生活的一种形式，成为文艺创作者职业敏感的深刻表现；它不仅在创作素材的发现与提炼上发挥着巨大的作用，而且可以把不易把握的人性之间的差异性准确地表达出来，还可以创造出新奇的艺术形象。

出新奇的艺术效应。

第二节　多姿多彩的服饰工艺

黎族服饰文化源远流长，它最早源自于人们的宗教信仰。黎族人最早主要有自然崇拜、图腾崇拜和万物有灵等明显属于人类童年时期的信仰形式与内容。他们的语言交流、婚丧仪式、结社活动等社会文化活动，往往还停留在人类原始社会时期的性质和形式之中，因而在服饰品的制作和服装形象的设计上也自然带有明显的原始社会痕迹，甚至是保留着全部原始性的服装原生态。如重视饰物，以各种摘取来的植物果实、根茎和猎获的动物骨、角、牙经过加工装饰在身上；如重视图案，以各种生活中常用常见到的动植物或是他们幻想的崇拜的神鬼图像绣在服饰之上。黎族服饰经历了一个漫长且曲折的发展演变过程。如果仔细探究这个过程，我们就会发现，黎族妇女的服装最能代表黎族传统服饰文化的精神风貌和前行走向，而且由于黎族五大方言区所处的自然环境、语言表达、生活习俗以及接受汉文化程度的不同，服装类型及其特色也各有所异。居住在山壑高深、坏境险峻的黎族妇女，一般都会纺织和穿戴雾绡一样轻盈柔软的超短筒裙，带着那蓝天般的深湛、远山般的黛绿的图案色彩；居住在低岭野地、树草茂密的黎族妇女，一般都会纺织和穿戴春水一样荡漾绿波的齐膝筒裙，常有泉水似的清澈、山花似的烂漫的图案色彩；居住在河流平地或接近平原地区小丘陵地带的黎族妇女，一般都会纺织和穿戴瀑布一样悬垂飘逸的盖踝筒裙，富有旷野稻穗无边的金黄、大海浪花浩瀚的银白的图案色彩。

一、衣被天下黎家情

2003年3月21日，黄道婆纪念馆在上海徐汇区华泾镇东湾村开馆，它与清幽古朴的黄道婆墓相邻相伴。纪念馆建筑面积约300平方米，踏进院内，只见矗立着的高达2.2米的黄道婆塑像，门柱上写着“两手织就云裳，一梭穿行宇宙”的对联，横批是周谷城老先生写的“衣被天下”。

“衣被天下”这个具有厚实分量的字眼一旦定格，黄道婆在中国棉纺业方面的巨大贡献和杰出地位就完全确定了，而当年黎族人民与黄道婆结下的棉纺技艺之情谊也就更加凸显了。尽管她老人家的身世与出籍因为陶宗仪和王逢的历史记述有异而造成后人不休的论争，但她自小在海南黎族地区，跟黎族妇女学习棉纺技艺是不容否认的，她把黎族的棉纺、织、染、绣四大工艺以及当时的先进技术，结合汉族的情况，加以总结、提高，传授给松江府上海县乌泥泾人民，又由乌泥泾人民向大江南北乃至全国传播，从而推动了中国棉纺织业的发展的历史贡献也是不容否认的。我们完全可以这样说，是黎族人博大的人文情怀涵养了黄道婆的成长历程，又是黄道婆在最早的时间让世人知道海南岛有个黎族群体；是黎族人的棉纺技艺成就了黄道婆的棉纺事业，又是黄道婆大力改进和推广应用了黎族的棉纺技艺；是黎族人通过黄道婆这一使者跟上海人成了“亲戚关系”，又是上海人通过黄道婆使得上海与海南从此联通了海上的经济贸易往来。可谓是亲上加亲、一举多得！可谓是千秋大业、功德无量！

早在汉代，黎族先民已经精通棉花纺织技术，海南岛上所有居民都能够穿着“卉服”了，黎族民间广泛生产的“广幅布”是朝廷上下宦官十分青睐的贡品。

“龙被，也称崖州被，有些地方叫做大被，素有‘广幅布’之称。

龙被是黎族织锦中的一种，是纺、染、织、绣四大工艺中难度最大、文化品位最高、技术最高超的织锦工艺品，它是历代黎族向朝廷进贡的珍品之一。”[①] 所织的图案，有云彩缭绕，红日高照，山水翻腾，龙凤戏珠，兽物扬威……每当喜庆之日，人们挂起“龙被”，象征吉祥；凡举行隆重的丧葬仪式，也把“龙被”覆盖灵柩上面，以示死者的身份高贵……黎族人民创造了中国服饰文化中独具海南黎族特色的服饰文化类型，并树立了独树一帜的声名远扬的服饰文化形象。

酒香不怕巷子深，名响不怕路遥远。黎族人民造就了如此先进的纺布和织锦技艺，必定拥有趋之若骛的求知者、效仿者。再说，元贞年间，处于元朝建国初期，必须恢复生产，发展经济，安顿人心，因此朝廷开通口岸，通航经商。这样，沪琼之间就有商船、商家往来，懂行的商人想尽办法购置或学习黎族的纺织品样本和传统工艺。我们姑且不管是商家重金聘请，还是受地方官府的选派，反正黄道婆是个心灵手巧的纺织人才，人们需要她传授、推广黎族的纺织技术。她必定通过关心、爱护、支持、帮助她的黎族人民去实施、落实。当看到江南地区的布料生产供不应求时，她采取相应措施，改良技术，改进工具、工艺等，成批生产，既满足供求关系，又织出许许多多缤纷夺目、栩栩如生、传神入化的珍品。正像王逢诗所云：“崖州布被五色缫，组雾紃云灿花草。”经黄道婆口传手教，当地的纺织业一跃发展起来，使得人们以纺织为生。正如陶宗仪所说：“……人既受教，竞相作为；转货他郡，家既就殷。”据有关文献资料记载，13 世纪 90 年代，黄道婆回到了松江乌泥泾镇（今上海徐汇区华泾镇），引进了黎族的纺织工具加以改进，制成了弹、纺、织等一整套生产工具，广泛传授黎族妇女织造黎锦、龙被时发明的非常别致的错纱、配色、综线、挈花等技术。黄道婆的棉纺织技艺改变了中原上千年来以丝、麻为主要衣

---

① 王建成．海南民族风情．北京：民族出版社，2004：25.

料的传统，催生出一个新兴的棉纺织产业，不仅泽被故里，造福一方，更使得只知丝绸麻的中原地区进入“棉花时代”，成就了当年“衣被天下”的盛景，同时极大地推动了我国棉纺业和当时社会经济的发展。上海松江地区一度成为中国的纺织业重镇。黄道婆也因此被称为我国棉纺织业的先驱、13世纪杰出的纺织技术革新家。

二、古今黎锦美名扬

2009年10月3日，恰逢中秋佳节，从中东国家阿联酋传来佳讯，联合国教科文组织第四次政府间委员会常规会议批准“黎族传统纺染织绣技艺”进入首批急需保护的非物质文化遗产名录，真正成为世界非物质文化遗产。联合国评审专家给予黎锦技艺的评价是这样的：居住在中国海南的黎族人民的纺织技术，包括他们的纺、染、织、绣技艺，特别是染、单面织和双面绣技艺，源远流长，以口传身授的方法代代相传，从先秦一直延续至今，当前仍然在黎族人民的社会和文化生活中起着重要的作用。“黎族纺织品以一种独有的，堪称楷模的方式为中国棉纺织传统，同时为世界手工技艺遗产做出重要贡献。”

专家提到的纺、染、织、绣正是黎族织锦的四大工艺。纺包括错纱、配色、综线、攀花等；织是指用踞腰织机采用道经断纬的纺织方法织出各种花纹图案，利用纬线色彩的变化使得图案丰富多彩；染主要是指纹纱染线，包括美孚方言妇女在白色经线上扎结成所需的花纹，再染成黑白斑花的经线，然后用彩色纬线编织出可织成色泽斑斓的筒裙图案；绣是指黎族妇女用彩色线在棉、麻等布料上所刺绣出来的各种图案，织锦图案编织完成后，再补绣加工提高图案效果，一般主体图案都是刺绣的，在图案中间的若干局部都是需要刺绣来完成。织锦刺绣有单面刺绣和双面刺绣，而润方言妇女上衣的黎族双面绣最为著名，所有织和绣的黎锦都是黎族织锦中的精品。

据《后汉书·南蛮传》记载："汉武帝末（公元前87年），珠崖太守会稽孙幸，调广幅布献之，蛮不堪役，遂攻郡杀幸。"在当时，黎族人民穿的贯头上衣，就是用"广幅布"做成。这种布料是黎族妇女利用多年野生木棉制作而成的。关于木棉，《尚书·禹贡》就有这样的记述："岛夷卉服，厥篚织贝。"三国吴国人万震也在他的《南州异物志》中写道："五色斑布似丝布，吉贝木所作。此木熟时，状如鹅毛，中有核，如珠绚，细过丝绵。人将用之，则治其核。但纺不绩，任意小轴牵引，无有断绝。欲为斑布，则染之一色，织以为布，弱软厚致。"唐代中叶，黎族妇女用同样原料织成被子、食单（桌布）和盘斑布，被列为上贡封建朝廷的珍品。宋代志书更多地记录了黎族妇女在棉纺工艺方面的卓越成就。在宋人笔记里，我们可以看到黎族妇女纺织出的"黎锦"、"黎饰"、"黎幕"、"黎单"、"黎桶"、"黎幔"、"鞍塔"等品种繁多、工精艺巧的作品。明代大戏剧家汤显祖，于明万历十九年（1591年）渡海到海南亲自踏访了黎族地区，特意给我们留下了脍炙人口的《黎女歌》：

传统手工艺纺织 （奥雅摄）

黎女豪家笄有岁，如期置酒属亲至。自持针笔向肌理，刺涅分明极微细。点侧虫蛾摺花卉，淡粟青纹绕余地。便坐纺织黎锦单，拆杂吴人彩丝致。珠崖嫁聚须八月，黎人春作踏歌戏。女儿竞戴小花笠，簪两银篦加雉翠。半锦短衫花襈裙，白足女奴绛包髻。少年男子竹弓弦，花幔缠头束腰际。藤帽斜珠双耳环，缬锦垂裙赤文臂。文臂郎君绣面女，并上秋千两摇曳。分头携手簇遨游，殷山沓地蛮声气。歌中答意自心知，便许昏家箭为誓。椎牛击鼓会金钗，为欢那复知年岁。

这首描写黎族婚礼的长诗文中，汤显祖也提到“青纹”“锦单”、“半锦”、“花幔”、“襈裙”、“缬锦”等锦种，这更能证明黎族纺织工艺在历史上具有相当高的水平。

错纱、配色、综线、洁花[①]等技术都完全出自黎族妇女之匠心。黎族姑娘从六七岁起便开始学习纺织、刺绣，从小就受到传统纺织技术熏陶。她们使用原始的踞腰织机，就席织布，平纹挖花，飞针走线，正刺反插，精挑巧绣，把心血凝聚在一件件的织绣艺术品上。她们织出来的花布、腰带、被子、筒裙以及壁挂，陶宗仪在《南村辍耕录》里就用“粲然若写”四个字来概括形容。

在历史的长河中，黎族织锦艺术充分显现了黎族妇女的创造才能和艺术造诣。一件艺术珍品的完成，可以说是黎族妇女的心血和结晶，也是黎族妇女智慧的集中表现。据了解，她们每织绣制作一套盛装，往往需要花费3～4个月，甚至更长时间才能完成。每当民俗节日，或是参加婚礼盛会，姑娘们总是三五成群，汇集在一起，身穿着美丽的服饰，出现在人群之中，以获得人们审美的心理满足，这意味着向别

① 洁花：也叫攀花，是黎锦制作工艺中的“纺”工艺中的四大工艺之一。纺，主要有错纱、配色、综线、洁花四大工艺。

人显示自己的织绣才华。其织绣技艺超群出众者，被人们称为“织绣能手”，从而赢得崇高的赞美和尊敬，还能得到青年男子向她投来的钦佩的目光和送来赞扬及求爱的歌声。清朝人张庆长在他的《黎岐纪闻》中就有这样的叙述：青年“男女未婚者，每于春夏之交集旷野间，男弹嘴琴，女弄鼻箫，交唱黎歌，有情意投合者，男女各渐进凑一对，即订配偶。其不合者，不敢强也。”每当一对相恋的情侣定情之时，姑娘总是把自己织出的一件认为最满意的花带或者手巾亲手送给“帕曼”（黎语“男青年”），表示对爱情忠贞不渝。这珍贵的礼物，便是幸福美好的象征。作为黎族织锦艺术，它不仅反映了制作者的智慧和高超的技艺水平，更难得的是，它作为爱情的纽带，精神的寄托，反映了黎族姑娘对幸福有着无限向往和追求。

婚饰　（奥雅摄）

现如今，黎族的织锦技艺已经得到很好的传承和发展。2010年，海南省非物质文化遗产保护中心选定了若干村庄作为黎锦技艺传承村：白沙黎族自治县南开乡南开双面绣传承村、东方市东河镇西方扎染传承村、五指山市通什镇番茅服饰传承村、乐东黎族自治县志仲镇红内麻纺传承村、保亭黎族苗族自治县保城镇番道棉纺传承村。

现如今，在海南黎族地区，无论走到哪一个村寨，都可以见到一件件出自黎族妇女之手的筒裙、上衣、头帽、花帽、花带、胸挂、围腰、挂包、龙被和壁挂等精美的织绣艺术品，丰富多彩的图案，美不胜收。这些工艺精巧的作品，集中反映了海南岛乡土的独特风韵，因而驰名古今中外。

三、锦纹图案特精美

黎族妇女在长期的社会生活实践中创造出黎锦织绣的艺术图案，图案十分强烈地反映了人们对生活、劳动及大自然的热爱。据考证，各地区的花纹图案是根据生活环境、地理条件等自然形象，加工变形制作而成，具有很鲜明的热带海岛特色和民族特色。在题材上，黎锦花纹图案所反映的内容有几大类：人物类、动物类、植物类、天体类、器物类、文字类等。在表现手法上，运用红、黄、蓝、白、棕、黑等色线进行几何格律点阵式和折直线构图，形成具象和抽象的剪影图像效果，人物图像、建筑物、山川、树木图像采用正面剪影法构图，而动物图像则采用侧面剪影法构图。

人物类图案

人物纹是黎锦的核心纹饰，这是异于我国诸锦种的基本图案之处，也是黎锦纹样的基本风格。人物图案都被安排在整幅织锦的中心位置上，形成中心纹饰，其他花纹图案围绕着人物图案这个中心纹饰次第展开。人物图案有单个的，也有多个组合的；有全身的，也有半身和头像的，同时也有复合图的。复合图像上，有三重人物图像相套，大套中，中套小，构图复杂，工艺精湛。人物纹即祖先纹或某个鬼纹，反映了黎族人浓厚的祖先崇拜意识。

动物类图案

凡是黎族所崇拜的，与生产、生活、渔猎等密切相关的动物都会出现在黎锦之上。崇拜类的图案有神话传说中的龙、天狗、雷公、斑

鸠、燕子、乌鸦等；生产、生活、渔猎类的图案有牛、马、羊、狗、鸡、鹿、猿、龟、熊鱼、蟹等。

植物类图案

植物类为题材的花纹图案较少见，主要有木棉树、花卉、藤仔等。美孚方言的绞缬染锦几乎无植物图案。

天体类图案

日、月、星辰以及远山等。

器物类图案

多取与居住、战争、宗教有关的器械为题材，如房屋、三角尖刀、箭矢、箭筒等。哈应黎人的织锦器物类图案在近现代有所拓展，如三亚地区哈方言织锦上有表现火车头、秋千等图案。

文字类图案

在黎锦中织编汉字古已有之，近现代最为流行。黎族没文字，明清以后，尤其是清末至民国年间，认识汉字的黎族妇女大胆织绣“福”、“壽”、“囍”等吉祥的汉字，后来甚至兴起织绣汉语拼音和英文。

黎族方言区较多，锦种丰富，除了以上的图例之外，不同的方言区的织锦表现手法又各具特点。

哈方言织锦的种类最为多样，其花纹图案除了具有黎锦共同特色之外，还根据自身独有的生产生活内容进行组合创作，如反映农耕驯牛习俗的《驯牛图》，反映婚俗中迎娶场面的《婚嫁图》，反映竞技场面的《秋千图》。这种题材翻新、体裁创新的出现，标志了黎族织锦艺术表现对传统范式的突破。哈方言织锦花纹图案内容包括祖先纹、斑鸠纹、攀猿纹、群舞纹、鱼纹、蜂窝纹、蟒蛇纹、菱形纹、铜钱纹、树木纹、花卉纹、器物纹和创作组合图案等。在构图技法上，多在几何形的多重组织之间织出图像，采用水平线二方连续、斜线二方四方连续，注重冷暖、明暗、对称、排列组合。同一个图案，往往对半分开，一半施暖色，另一半施冷色，达到冷与暖鲜明对比的艺术效果。

杞方言织锦尚红色调，其花纹图案以大红大艳的人物纹闻名。构图多以几何形组织施纹，采用水平式二方连续。主体纹居中，装饰纹居边。常见的是在长方形格内施以各种人物或动物图像，有一格一像的，也有一格多像的，一格最多的达九像。杞方言织锦图案以纵横线形布局，锦面呈现横竖交替的方格网状效果，富有杞方言的地方特色。

润方言织锦织编细密，构图严谨，花纹图案精美绝伦。多为黑地红花，讲究对称和平衡，善于运用变形夸张的装饰表现手法，在方形几何格内施纹。表现主题以人物为主，动物花卉次之。人物纹以多层复合祖先套图和游龙套图最具代表性。这种大图套中图，中图套小图的构图方式和表现手法，唯润方言织锦独有，也是润方言织锦图案与其他方言区织锦图案的最大区别。运用对称构图法的题材有对称飞马、对称飞鱼、对称飞鸟等，技法十分娴熟。

赛方言织锦花纹图案细小鲜艳，是各方言区织锦中个体图案最小的锦种。其花纹图案包括人物纹、藤仔纹、井字纹等，内容相对较少。其构图手法，也采用水平线二方连续和四方连续，在横竖相交的几何图形组织内施以细小的人物或动物，花卉图像。以许多细小的方形图案，组构成大面积的色块。布局整齐，疏密有致，图纹活泼明快，和谐悦目。

美孚方言织锦的花纹图案以人物为主，动物次之，器物再次之。不涉及植物是它与其他方言区最大的区别。它有对称固定连体祖先鬼纹、对称骑马纹、对称斗鹿纹、龟纹、黑熊足印纹、尖刀纹、箭矢纹及汉字双喜纹等。美孚方言织锦的构图手法，是在几何纹样内施以对称纹饰，力求图饰均衡之美、线条排列之美、变形夸张之美。多采用单条或多层波浪线排列、平行排列、菱形交替排列、对称排列。对称

图案的运用，在整个美孚方言织锦花纹图案中占有相当大的比例。绞缬染锦以黑色为地，白点构图，黑白对比，图案繁而不乱，细腻轻盈，冷峻幽美。其彩锦则是几何线条交织，色块排列有序，层次分明，气氛热烈。[①]

① 黄学魁．海南民族民间工艺美术．海口：海南出版社，南方出版社，2008：86～89.

第七章

不可替代的民族文化

文化是人类独有的本能现象，它是人对在生存环境中产生的各类信息的本性化采纳和加工，并根据自身的认知意向和进化规律的需要再进一步调整而形成的精神价值体系。只是人在不同的生存境遇自有其不同的生活方式，不同的艺术自有其不同的精神价值体系，同样一套精神价值体系在不同的文化中也会呈现出独特各异的形态。

第一节　旅游文化

一、五指山的厚重之美

五指山地处海南岛中部，主峰海拔 1867.1 米，为海南第一高峰，素有“海南屋脊”之称。其主峰在五指山市境内，余脉延伸及琼中、保亭、陵水等县市。五指山主体面积 211 平方公里，属于国家级自然保护区，总面积 32 万亩，是海南最大的自然保护区，它与南美洲的亚马逊河流域、印度尼西亚的热带雨林和中国的西双版纳成为全球公认的几块热带雨林之一。它分布着中国热带雨林海拔最高和相对高差最大的雨林带，原生植被有 3 个垂直带谱，11 个植被群丛。其分布的雨

林带一是常绿季雨林带，主要由青皮、荔枝、蝴蝶树种群落组成；二是山地常绿阔叶林带，主要由山毛榉科、樟科、金缕梅科、榛木科、粗榧科等植物组成，拥有大片的陆均松、黄背栎群落；三是山顶矮林带，其外貌特征为低矮乔木，分枝多，弯曲而密集，树干上多有苔藓植物附生，主要有栎子绸、厚皮香、海南杜鹃、广东松、五裂木、徽毛山矾等群落。二、三林带是海南的主要水源林，海南的五大河流之源正是孕育于此、流出于此。五指山陆地脊椎动物有500多种，其中两栖类37种，爬行类104种，鸟类344种，哺乳类82种。五指山南药资源丰富，植物药材有槟榔、益智、砂仁、巴戟、胆木等2000多种，动物药材有鹿茸、鏖角胶、猴膏、穿山甲、熊胆、蜈蚣等100多种。五指山气候宜人，冬暖夏凉，空气清爽怡人，年日均气温22℃，夏季日均气温25℃，冬季日均气温17℃，素有“天然空调”、“翡翠山”、“南国夏宫”和“清凉世界”的美誉。年降雨量1800～2000毫米，年日照约2000小时，相对湿度为84％。空气洁净无粉尘，是纯天然氧吧，空气负氧离子含量每立方厘米8000个以上，位居全国前列，是避寒避暑、旅游观光、休闲度假、康复疗养、绿色生态旅游和回归自然的理想旅游胜地。

原始、神秘、动感、清妙、风流、妩媚、阳刚、柔曼……一时似乎很难寻找到更多优美的词语来评介五指山，也许因为我们用肉眼看不清它所嶙峋着创世之初的悲壮和所苍凉的上古岩体的表情，只好探一探听一听曾经与它相伴的先辈山民的依稀可感的脚步声。其实，在造物主只让一个单独的民族陪伴它之时，这个民族就已经开始了精神食粮的创造性生产。它的子民没有史书，却有历史，没有笔墨，却有口传语词，没有文字，却拥有属于人类才有的厚重文化：诸如山脚下山民唱着的古老民歌——《五指山上五个峰》（哎罗调），歌词为：五指山上五个峰，五个峰上五条龙；五指山上五条溪，五条溪水分高低。

《五指山咧五条河》（罗呢调），歌词是：五指山咧五条河，你知哪条流水多，你知哪条流入海，你知哪条流回来……《我已变成不幸鸟》（罗呢调），歌中唱道：工工，啊，妈妈！晚上叫的就是我，白天叫的就是我，我是多么不幸，变成鸟儿，飞向五指山。诸如周围村寨人们编创的谣曲，《从那篱笆过》鼻箫独奏曲，民歌唱道：从那篱笆过，请你等一等，让我来指路，快来相会哟，小阿哥呀，手里提着篮，篮里装着鱼，提着篮儿呀……《回忆》竹制吹管乐器哩叻独奏曲；《大家齐肃静》，祖先歌，每逢祭奠祖先时必唱的序歌，旋律悲哀低沉，节奏不甚明显；《你不再日夜教》，哭歌，每逢父母去世必唱，曲调婉转凄凉；诸如五指山"合亩制"地区黎民百姓跳着的舞蹈——《"温娲"舞》、《舂米舞》、《闯山舞》、《狩猎舞》；诸如已经向世人传开了去的神奇传说——大力神死后撑开的巨掌；雷公的兄弟扬叉堆起五座山峰；能说善变的五指山大仙；五位英雄的兄弟变成了五指山；"鹿回头"从五指山源起；"甘工鸟"飞到五指山；"七仙女"就在这峰巅之间露宿；神话中的"南海观音"和"齐天大圣"孙悟空常驻五指山……

当然，五指山文化对于中原文化来说，至少到宋代还是存在隔阂的，因为海南岛孤悬海外，长期与中原文化隔绝，给以中原为中心的文化人心理上造成了恐惧感和歧视感，因而海南岛上的一切，包括应当被重视的五指山都显得名不见经传。一直到了明代，由于国家主流文化的进入和较为广泛的传播，加上海南文坛出现士子竞秀，文章蔚然，又由于出现丘浚、海瑞这样在政治和文化上的重量级人物，海南岛的形象才得到初步改观，代表海南岛形象的五指山才产生了有文字书写和史册记载的文化。这主要表现在许多文人墨客为五指山盛情赋诗。据有关专家学者统计一共有 16 首。这些诗歌一是表现五指山地理位置之特点的，有方厚的"海岛名山分外奇，纤纤削玉列高低。秀通上界三辰近，雄镇边疆五狱齐。卷雾信为扶日手，排云可作上天梯。

于今写入琼南景，剩得诗人细品题”。二是张扬五指山自然特征和景观的，有明代文渊阁大学士丘濬的“五峰如指翠相连，撑起炎荒半壁天。夜盥银河摘星斗，朝探碧落弄云烟。雨霁玉笋空中现，月出明珠掌上悬。岂是巨灵伸一臂，遥从海外数中原”。三是突出五指山高伟雄奇之势，歌咏五指山奇丽景象的，有王弘海的“地尽南溟气复连，五峰如指势擎天。浴光应捧咸池日，染翠疑探太乙烟。瑶岛露分仙掌湛，宝轮花傍佛支悬。寰中维岳纷罗立，谁向鸿濛握化原”，有焦竑的“海色几年寒捧日，岳形千载尽凌烟”；有郭正域的“露下金茎承玉屑，云间瑶掌吐青烟”；有姚履素的“承露昊空青炜合，翻云绝巘翠花流”。四是用比喻手法表现五指山姿态之美的，有莫绍惠的“凭张一臂耸南天，敛却姜牙手万千。弄笔直须云作纸，挥戈真可日回鞭。巨鳌钓得浑闲在，大雅扶将未觉悬。黄鹤才高搥碎好，细思远不值尊拳”。这些诗歌的字里行间融入了五指山应有的文化内涵，并以严整的形式、多样化的手法、绚丽的辞采和浪漫的风格，从文学的角度构成了五指山一道较为厚重的人文景观。

五指山丰富瑰丽神奇的文化，一直成为文学艺术弥足珍贵的精神资源和叙事资源。新中国成立后，海南人民彻底摆脱了三座大山的剥削和压迫，远离了人吃人的社会所强加的苦难和悲哀，迎来了社会主义建设的新气息、新景象。在中央人民政府的关心和支持下，置身于新社会的人们的历史文化精神找到了突破和迸发方式的制高点，注重将变得蓬勃的青春气质注入所向往的文化艺术追求之中。为贯彻落实文化部于1951年6月16日在北京召开的全国文工团工作会议精神，广东省（当时海南是广东省的一个辖区）各市、自治区（州）也像全国各地一样相继建立了以发展民族歌舞艺术为主的一些专业歌舞团体。这些艺术团体的主要任务是在着手培养专业人才的同时，大力发展人民的新歌剧、新话剧、新音乐、新舞蹈，以革命精神和爱国主义精神教育广大人民。从此以后，各个艺术团体都纷纷投身海南、投身五指山，于是关于五指山的艺术作品不断出现，诸如舞蹈《五指山之歌》、歌舞剧《五指山上抓飞贼》。1959年6月，第一部张扬五指山革命斗争精神的大型舞剧《五朵红云》（三幕六场，由广州战士歌舞团创作），以非常隆重的声势诞生，以非常亮丽的姿态演示。舞剧根据五指山的民间传说《红旗的故事》和1943年黎族人民抗击国民党反动派的武装起义失败，寻找救星共产党的动人史实为题材，以黎族民间歌谣“五指山峰高又高，五朵红云天上照，但愿红云降下来，苦难消散幸福到”为构思的基础，以具有独特风采的黎族民间舞蹈为基本舞蹈语汇和塑造艺术形象的主要表现手段。

这一时期，黎族苗族自治州歌舞团也是一个最为活跃的艺术团体。他们就驻扎在五指山脚下，他们的艺术创作几乎都取材于五指山所奉献的厚重的文化资源，相继创作和演示了歌舞剧和舞蹈《五指山的春天》、《甘工鸟》、《山高水长》、《从天山到五指山》、《阿丹》、《青山流水》、《黎山烽火》、《织筒裙》、《三月情》、《闹月》、《醉槟榔》、《山兰情》、《山恋》等。他们传承或者改编了抗日战争和解放战争时期在五指山地区流行的歌曲，如《五指山歌》、《红军来到鹦哥岭》、《五指山上英雄多》、《打你不记男与女》、《红军三字经》、《只有共产党能打赢》、《伤员住在咱草房》、《激枪队》、《谁有同志快藏密》等。他们相继创作并演唱了《毛主席来过五指山》、《解放军来到咱黎寨》、《美不过黎族三月三》、《祝酒歌》、《摇篮曲》、《叫侬唱歌侬就唱》等歌曲。

改革开放以来，五指山地区由于有了海南省民族歌舞团、民族艺术学校的实力加盟和群众艺术团体的超常活跃，由于舞蹈家、音乐家们的对于原有基础的精心夯实和建设性工作的不断进取和拓展，他们拥有了属于自编、自演、自导的大量精美乐舞之作。最为可贵的是，他们在受到旅游文化的激励因素的影响之后，能够适时调整工作思路

和实际做法，及时将民族表演艺术融入到五指山地区旅游观光的各项活动中去。海南省民族歌舞团的舞蹈编导者苏和荣和胡海兰都清醒地意识到原生态的民间舞蹈固然可贵，但还是有必要在此基础上进行创新，而创新的方法就是于平先生所说的“善本再造”。另外，舞台民间舞创作还有两个方向，一是“大众文化方向”，特别强调时尚性和娱乐性，以获得旅游文化市场的成功促销为其目标；二是“精英文化方向”，对原生态民俗舞进行创造性的解释，或是在舞蹈中体现现代的形象，以圈内行家的认可或旅游观众群的赞赏为标志。苏和荣在编导的《竹筒飘香》、《山兰架》、《阿寿婆》、《牛踩田》等节目中，或在民间舞的特有劲道、气势和热烈、明亮的氛围中揭示黎族人独具的文化韵味，或以甩手、摆肩、腆胸、点头、摇胯、顿足等单纯动律，将传统手段与现代审美情趣有机结合，营造了一片激情和痴迷的生命之能场。胡海兰在对旅游舞蹈的追求过程当中的表现是平静的、均衡的，又是果敢的、先锋的。她编舞的方法是生活流的（从一些生活现象提炼动作，如《阿妹的嫁妆》）和情感流的（如《梦回天涯》），也是形象的（如《种山兰》），色块的（以黑、绿、红、灰、金、蓝、白等色块构成舞蹈的主色调，如《高山流云》），更是音乐的（如《美丽巴姐》，节奏、韵律和和声的统一）。在《高山流云》这样的表现黎族服饰美的舞蹈中，她将服装、服饰以及色彩进行了大胆的创新改良，在保留原有服饰特点的基础上，把黎族男女的头饰夸张化，于黑、红、蓝单调的传统颜色中加入多种色彩进行时尚化搭配，提升了服装的既有古典又有现代色泽之美感。舞蹈编排把服装的展示和表演动作紧密结合，调式并反复式地表现出具有新时代特质的节奏。在《种山兰》中，她结合现代编舞的一些技法，注重肢体语言表达的“形似”和“神似”，并采用背景式的音乐及所有激荡的生命旋律，贯通化地将自由蹁跹的舞者推向一种无比旖旎的大自然所生发的审美律动界面，同时，向人们展现了身体表现的另一种言说方式，不仅是姿势，更注重用身体的直接体验，在无法用言语转述的动态形象中，述说生命对世界的理解。在《织筒裙》这样的反映黎族人织布的舞蹈中，她让纺织机的声响联结伴奏音乐，将人们织出来的筒裙既当道具又当衣饰，巧妙地在道具的使用和身体位置的移动中导入了能够刷新主题的写实性和抽象性的恰巧动作，展示出黎族妇女特有的形体“三道弯”之美。她还大胆采用了剪影似的卡通动律，即以独特的关节活动带动身体的条块式动作，组合成节奏顿挫鲜明的剪影和卡通式舞蹈，不仅赋予舞蹈以新的叙事性和抒情性内涵，而且独辟蹊径地表现了黎族人的美的劳动形象。

旅游舞蹈之火燃遍了大江南北，在纷至沓来的仿效者的阵营队列中，也有作为小团队的黎族年青一代的舞蹈先锋的勃发英姿和匆匆的脚步声。他们不仅仅是出于营业赚钱而表演，也是为了充分开掘具有深层文化价值的民族舞蹈，从而向中外游客展示和推荐自身民族的艺术风采和时代气质。黎族舞蹈家吉永和于1992年在通什市（现在的五指山市）旅游山庄组建了一支舞蹈表演队，黎族的那种耐人寻味的奇风异情，在他的一组组妙笔生花的肢体语言的放纵和镶嵌之下，焕发成为一出出神奇而亮丽的表演性群舞。他编创的《逗牛趣》、《酒谜》、《赶集路上》等博得了中外游客的欢欣鼓舞和恋恋不舍。年轻的黎族舞者黄英连脱下“舞鞋”之后，凭借一身胆力和舞艺，带动一小部分训练有素的男女演员，在五指山各处旅游景点和酒店宾馆游刃有余地施展才艺。她编创的《茶山黎妹》、《美女峰的遥想》、《闹春牛》、《大树歌》等获得了极大的成功和反响。后起之秀的黎族舞者邢铁山，以自演自编自导的过硬本领和轴心节目《山兰熟了》、《跳锣舞》、《钉咚伽》等，为自己的舞艺得以长驻五指山等各个景点打下了坚实的基础。邢铁山的旅游舞蹈之所以倍受人们的欢迎，最显著的优点在于坚持民族原生态创作和不断进入超脱状态的愈演愈新。就这样，因为有了年青

一代的舞蹈先锋的锐意进取和不断开拓，黎族的旅游舞蹈集自娱性和表演性于一身，而且表现出朴实自如、潇洒灵活、连绵不断、洒脱奔放、豪迈粗犷、沉着有力的独特风格。

五指山的旅游音乐也不甘示弱。音乐家们不仅有组织有计划地对黎族民歌进行搜集、挖掘、整理、继承、发展，还善于把优美动听的民歌元素和起到交流思想作用的歌曲自然地融入旅游节目中去。音乐家们懂得保留和改编原有的民歌，更懂得与时俱进和力求创新，以满足旅游观光者日新月异的文化享受。他们先后给五指山的各处旅游胜地谱写了许多悠扬悦耳、优雅清妙的歌曲，诸如《家住五指山》、《五指山风情》、《我是五指山人》、《五指山的情歌》、《五指山红叶》、《五指山欢迎你》、《捡螺歌》、《过来吧阿哥》、《大家欢聚在山寨》、《哩哩调》、《黎家摇篮曲》、《年年那个三月三》、《黎家木棉红》、《黎寨之夜》、《槟榔树下摇网床》……

二、七仙岭的仙女文化

很久很久以前，海南岛是一片无边的平原，牧草茂密，万物疯长，仙境一般。一天，忽然风雨大作，天摇地动，玉帝急忙叫雷公兄弟扬叉和法也凝过来，告诉他俩说，大难临头了，天地将要倒覆。就叫他俩下去压实地基，以免遭难。兄弟两人带上工具匆匆下来，便各顾各去挑土搬石，用堆的办法，将地压实。他俩挑呀搬呀，时间一天天地过去，山愈堆愈高。扬叉堆了五座连绵的山峰，形成五指山。法也凝堆了七座比五指山还高的山峰，形成七仙岭。这些山峰造好后，天地才稳定。这时候，两兄弟才安心下来。谈笑间，他俩提出比一比，看谁筑的山牢固，于是，两人相互用脚来踢两座山。七仙岭被扬叉一踢，便踢掉了半截，可法也凝却踢不动五指山。这样，七仙岭便矮过了五指山……

古时候，海南岛保亭地区遍布温泉，黎民百姓劳作之余，用橘叶泡温泉淋浴能够消除疲劳，医治百病，吉祥安康。在温泉中嬉水游戏，更使人容颜美丽，精神焕发。这事传到天宫，王母娘娘派了七仙女下凡，看这块地方是否可以与天宫瑶池相媲美。七仙女下凡到保亭，只见满目青山绿水，祥云缭绕，温泉升腾，鸟语花香，好一派人间仙境。七仙女被陶醉了，天天游玩于这片山水间，住了好久才回到天庭。这件美事后来被海上的一位魔力高强的风神知道了，想占有这地方作为栖身之地，但是他每次来这里玩耍，都会带来狂风暴雨，淹没大片土地，损毁美丽家园。七仙女看在眼里，气在心上，奏请玉帝，要与风神决一死战。后来，七仙女打败了风神，将风神赶到海洋深处。为了不让风神再来危害这片美丽的地方，七仙女决心守护着这里，永驻人间，后来竟化作七座秀丽的山峰。

这两个传说率先奠定了七仙岭的文化地位。也许传说是虚的，但总觉得它在叙说七仙女的历史，有着无穷的遐思和回味。

七仙岭，属于五指山的余韵之地，地势北高南低，北部由白芭岭、三角岭、九曲岭等海拔 700 米以上的山地组成一道天然屏障和绿色背景。它最高海拔 1126 米，覆盖着茂密的原始热带雨林，植被丰富，动植物多样，水体清澈，生态环境极佳；民俗民风淳朴，田园胶林翠绿，好一派世外桃源的景象。千百年来，她就像一个沉睡的处女，安静地潜伏在海南中南部的群山之中。随着以主动融入的姿态，紧紧依托三亚旅游圈，致力于把保亭的“绿色旅游”建设成为三亚“蓝色旅游”的后花园，最终形成“蓝色旅游看三亚，绿色旅游看保亭”以及“建设绿色经济强县、民族文化生态旅游县”两大战略目标的实施，加之“七七”七仙岭温泉嬉水节和“九九”重阳登七仙岭赛事等旅游活动的成功举办和各种特色名目，诸如海口、三亚至七仙岭、槟榔谷、呀诺哒等的专线游的开通，一时间，七仙岭像一位被揭开神秘面纱的少女，

她用撩人心怀的热情、婀娜多姿的身态吸引了成千上万的游客到她的腹地来，旅游观光、寻趣探险、考古游乐……七仙岭火起来了！这个被国家林业局列为国家级森林保护区，已经打造和推介出“温泉＋登山”的健康品牌。现在，七仙岭已建有较为完善的配套设施，5家度假村，豪华房和标准房200多间，床位达500张，设有中小型会议室7间，配套有网球场、健身房、美容美发、商务、歌舞厅、咖啡饮料厅及中西餐厅，还有野溪温泉浴场、野溪温泉沙滩、山野温泉浴池、鸳鸯浴池、瀑布温泉、石温泉、木温泉、树温泉、竹温泉、槟榔温泉、椰子温泉、酒泉等。温泉与温泉之间，池与池之间，温泉浴池与行人之间互不窥视，尽情享受野趣情调，可满足旅客沐浴的多种需求。在登山方面，为旅客修建了逶迤的山道、攀登的石台阶路和安全的铁链护栏。顺着石阶和护栏，人们可以自由地一路攀登，一路漫步，一路品味——只闻山鸡甜叫，流泉叮咚，小溪清亮，透身清爽；只见山花烂漫，鸟蝶飞翔，山柱苍峻，古木参天；只觉忽上忽下，忽高忽低，如乘轻骑，如临仙境，雾纱绕身，云彩拂面，潇潇洒洒，飘飘逸逸……

三、鹿回头的美丽爱情

由陈道斌作词、娄云雨作曲的一首爱情歌曲《鹿回头》这样抒怀地唱道：

> 那是谁还在苦苦追逐/让我马不停蹄停不下脚步/一路风尘仆仆一路泪眼模糊/我已经找不到来时的路/只怪我对你太在乎/不小心让自己成了你的猎物/一箭穿心只是一个美丽错误/不知道你是否懂得我的无助/蓦然回头/我看到你眼里的温柔/美丽原来可以软化钢铁的箭头……

我们说的鹿回头，位于三亚市南部3公里的三亚湾，是三面临海的半岛，状似坡鹿站在海边回头观望。该景点于1989年建成开放，总面积1243.2亩，有大小五座山峰，最高海拔181米。公园三面环海，一面毗邻三亚市区，是登高望海和观看日出日落的制高点，也是俯瞰三亚市全景的唯一佳处。鹿回头有一个美丽动人的传说：相传古时候五指山里有一位勤劳勇敢而又善良的黎家青年猎手上山打猎时，发现了一只美丽的梅花鹿，便紧追不舍。9天9夜之后，他翻过了99座山，蹚过99条河，一直追到三亚湾边上的珊瑚礁上。前面是碧波万顷的茫茫大海，后面是紧追上来的猎手，梅花鹿已走投无路，便站立不动调回头来凝望那位猎手。就在猎手搭箭弯弓，准备发射的时候，只见眼前电光一闪，刹那间又变成一团白色的烟雾，当浓烟散尽之后，梅花鹿不见了，只见站在眼前的是一位美丽的黎家姑娘，姑娘含情脉脉地向着猎手走来，向他倾诉心中的衷情。原来该姑娘系天上的仙女，因钟情于人间的这位勤劳勇敢的年轻猎手，征得王母娘娘的允准后，便下凡人间向该猎手倾诉爱慕之心。青年猎手也为这位姑娘的真情所感动，两人便海誓山盟，结下百年之好，在此安居乐业、繁衍子孙，过着幸福美好的生活。后人便将这地方以“鹿回头”相称。三亚市也因此别称“鹿城”。神话中的猎手和仙女的传说，已被雕塑成“鹿回头”巨型石雕，其高12米、长9米、宽4.9米，屹立在鹿岭上，雕塑像的作者林毓豪先生（原“五羊

三亚鹿回头雕像　（杨威胜摄）

城”作者）花了4年时间和心血，完成这件巨大而不朽的神话作品。该作品构思独特，造型优美，一只神鹿回头凝望，两旁分别屹立着英俊的黎族猎手和美丽的“鹿女”。

可以说，是一个远古的爱情成就了美丽的鹿回头半岛，又是鹿回头半岛承载和传扬了一个美丽的旅游文化。这种文化表征了人们“天人合一”的思想观念——认为所有被人们所礼拜的天神，都会尽到保民佑民的职责（没有西方神话传说中的那个凶暴残忍的天父宙斯的形象出现）。只有天神施展出浩荡的伟力，人类才能逃脱不幸和苦难，而人类也只有听从天神的旨意，才能获得应有的幸福美好生活。这种文化也体现了人们尚善尚美的精神立场——认为人类只有保持善良的心地，化干戈为玉帛，化冲突为平和，化人性为神性，才能拥有一种美丽的归附。尚善尚美的精神立场永远也不会过时，而且会与日俱增自身存在的普世价值，因为它是一种形而上的向上仰视立场，它时时具有生命的仰视高度——一种生命的诗性或神性，而神性是人性的最高表现。一种独特的精神立场就是一种神性立场，它超越性地上升和俯视，由此产生文化特有的诗性智慧、存在方式、生活状况的表达；它时时激励人们向上仰视先进，向上仰视高尚，并励精图治地去寻找、创造、呈现、实现一种神性的生存精神，使得每一个积极的生命向往一种超越既有现实的心灵生存，不被现实中的贪婪和冷酷所陷落和埋没。

可以说，这些年来，三亚这座旅游城市建设者们的精神追求正是体现了这种尚善尚美立场。前不久，三亚市副市长李柏青在接受媒体采访时曾表述过这样一个观点：“三亚是在美丽赛事中成长起来的城市。”他说，三亚拥有得天独厚、不可替代的热带度假旅游资源，被誉为“被大自然宠坏了的地方”、“一个真正的天堂”、“中国度假旅游金字塔的塔尖”。三亚的自然之美、风光之美世所罕见，但迟迟没有做到

"举世公认"，即三亚的"美"名还没有传播到世界每一个角落。20世纪90年代发展起来的三亚旅游业，当时游客量增长主要依赖先天的旅游资源，旅游产品的文化含量和附加值不高，三亚的美丽资源总有"养在深闺人未识"之感，在世界甚至全国范围内，三亚的城市知名度不高。为此，三亚一直在寻找机遇性的突破口和抓手，能够以一种引起轰动效应的宣传效果和传播价值，让三亚的美丽引起世人的广泛关注，迅速提升三亚的城市知名度和城市文化品牌，将三亚的旅游资源包装成具有深厚文化内涵的商品向国际旅游市场推销，让全世界的旅游者产生强烈的购买和体验欲望，从而以旅游业的迅速发展，带动、推动三亚经济社会的全面进步，后来媒体和理论界将三亚的这种思路总结为发展"注意力经济"。通过新丝路模特大赛，三亚引进了在全球范围内具有广泛影响、主题积极健康、代表世界时尚文化潮流的世界小姐全球总决赛，把各国佳丽的形体美、服装的服饰美、多元文化的风情之美与三亚的风光之美结合在一起，展示在全球超过10亿的电视观众面前，使三亚的旅游资源和城市形象得到一次空前的绽放与传播，直接促进了三亚旅游业的持续发展。三亚这一充满想象力的创意举措赢得了国内外媒体的积极评价，被认为是"中国文化开放的一个标志性事件"。为迎接美丽而建设，在展示美丽中成长，这个"成长"包括多方面内涵，如城市基础设施的迅速完善和城市建设的明显提速、城市品位和知名度的迅速提升、城市发展理念和城市营销策略的日渐成熟、城市文化素质与国际化程度的日益提高等。从2003年开始，三亚连续承办了包括5届世界小姐全球总决赛在内的70多项具有国际影响力的文化时尚活动，相当部分是以"美丽"或"美女"为主题的。伴随这些"美丽"运作的是城市面貌的迅速改变，三亚从一个小渔村一跃发展成为国际知名的时尚滨海度假城市。

"美丽三亚，浪漫天涯"，这是三亚的城市名片。"美丽"二字涵盖

了三亚所有的文化形式和内容，因而在三亚生存着的天涯文化、福寿文化、鹿回头文化、凤凰文化都显得高度契合、和谐美丽。这个“美丽”二字当然源于拥有古老神话传说的鹿回头，当然源于鹿回头那种既传承历史又拥抱现代的精神追求、那种既包涵蓝色又拥有绿色的美丽文化。

四、风情圣地槟榔谷

甘什岭槟榔谷原生态黎族、苗族文化旅游区占地面积509亩，地处保亭县与三亚市交界处甘什岭自然保护区范围内，因景区两边山林高耸、峻峭，中间有一条连绵数公里的槟榔谷地，故称槟榔谷。有人说这里称不上原生态，因为没有十足的原生态文化，有人说只要是不变味的民族民间文化，就是原生态文化，有人说这里应当叫民俗文化游览区，因为它所要和所能展示的都是民俗文化。仁者见仁，智者见智。他们无意于对此地蜚短流长，无非是对原生态文化和民俗文化的一般见解。民俗是生活于某一特定地域的民族或人们共同体在长期的历史发展过程中形成的习俗惯制，是一种重要的社会文

保亭槟榔谷　（杨威胜摄）

化现象。民俗是一个民族的基础文化，民俗文化最能够体现一个民族的文化精髓，揭示民族文化的真谛，总结民族文化的精华，保留本民族的文化传统。民俗文化可以移植和再现，可以加工雕琢和间性化融合，以取得更加丰富多彩的文化价值，而原生态一般是指原汁原味的、没有学理性、没有被特殊雕琢的、民间原始的散发着乡土气息的东西，原生态文化必须是在这个基础上生成和保存下来的自然状态下的文化。"地方性知识"是原生态文化的内涵，它不仅涉及地域意义，也涉及知识生成和辩护中形成的特定情境。简言之，原生态文化就是自然状况下生存下来的文化。

我们能够看到槟榔谷地的变迁过程——它原来的存在状态是一处原始谷地、一片原始雨林、一个黎族原始村庄，开发利用以后才有了"原甘什黎村、原生态苗寨和原神秘雨林三大板块"。到了近期，才发展形成"原甘什黎村、原生态苗寨、原始神秘雨林和大型演出《槟榔·古韵》四大板块"。到了现在，整个槟榔谷地的景观业已由三园、三舞、三怪、二村、一馆、一蜂、一街组成。三园：200亩槟榔园、千种植物园、山兰园；三舞：黎族歌舞，苗族歌舞，艺人表演玩蜂舞；三怪：石头长出榕树来，蜜蜂学乖不蜇人，小孩爬槟榔树比猴子快；二村：风情黎村，野趣苗村；一馆：黎苗文化展览馆；一蜂：繁忙酿蜜的100窝蜜蜂；一街：民族工艺品和土特产品一条街。

这就足够了，因为它是绝无仅有的，它的那些黎苗物事、原始涵蕴和独特形式是其他地方再也找不到的。我们说过民族文化的消亡现象，我们也说过用旅游业拯救自身垂危的文化生命，并使其获得新生力量和前途，这绝对是一个独特办法、一种聪明智慧。在这里，我们要说，多样化应当是民俗文化繁荣发展和丰富多彩的前提条件，差异性只是它们彼此存在的一个共同点，如果一味地强调和扩张它们的差异性就会发生排斥或侵蚀，那么最后剩下的往往是貌似强盛却是苍白

槟榔园大门　（杨威胜摄）

无力的文化。在海南，黎族、苗族人民长期繁衍生息着，而且黎族还拥有五个支系的庞大人群，他们之间的文化存在一定程度的差异，但他们从来也没有因为差异而发生相互排斥。海南省各级党委和政府高度重视民俗文化的抢救和保护，各级文化部门在保护和弘扬民俗文化方面做了大量的工作，逐步取得了应有的改观和进展。从槟榔谷目前集结了如此多样化的民俗文化和努力打造自己独特文化品牌的势头来看，我们认为保亭县委、县政府是有着对人文命意的思考的。这种人文命意的思考，是超越个体、超越族群、超越地区的整体角度的思考，它冲破了那种历史流传下来的怀疑论和相对主义思想、那种民族宗教信仰上的多神偶像崇拜，从而产生了对平等、自由和世界的关注和关爱的博大情怀。

很久以来，海南这块海中之岛生活着汉、黎、苗、畲、回、壮等多元族群，由于历史人文的延续，南北文化的融会，中西文化的交流，形成独具特色的海南民俗。民俗文化是因为其与生俱来便有的通俗性和大众化的特点而珍贵。民俗文化所具有的文化多样性、独特性、差异性，即使是村夫山妪也因其形象具体、通俗易懂而自觉融入其中。有了雅俗共赏的特性，其传播速度与文化信息覆盖面要广阔得多。民俗文化旅游的意义与价值在于体验异域文化情调，而且是活生生的、真实的生活展现，旅游者将能看到原汁原味的民俗文化，体验一次充满异域情调的旅游探险，种种煽情的语言激起旅游者的无限遐想。民俗旅游是一种高层次的文化旅游，由于它满足了游客“求新、求异、求乐、求知”的心理需求，已经成为旅游行为和旅游开发的重要内容之一。国内一次抽样调查表明，来华美国游客中主要目标是欣赏名胜古迹的占 26%，而对中国人的生活方式、风土人情最感兴趣的却达 56.7%。民俗旅游属于高层次的旅游，在不久的将来便会成为现代旅游的主流之一；由于地方特色和民俗特色是旅游资源的重要组成部分，也具有独特性与不可替代性，因此，民俗旅游资源是旅游产业经济发展的重要战略性资源。

黎族、苗族民俗文化中最具审美和开发价值的是：黎族的原始树皮衣、纺染织绣、制陶和竹木器乐等制作技艺，还有古老的打柴舞、琼中黎族民歌、八音器乐等舞蹈音乐，苗族民间传统的三色饭、三味茶，古老的《捏》、《龙舞》等舞蹈。这些民间文化艺术一旦和旅游结合，就会生成一种文化与生活的复合体，不管它们采用主题公园、展览馆的形式，还是运用原生自然式的民俗生态方式，都能够适合于文化再生产与市场的逻辑，并充分体现出许多后现代时期文化的特点。到了今天，我们终于欣喜地看到：上面所点到的黎族民间文化艺术已被列入国家级非物质文化遗产的保护范围；黎族、苗族的民间文化艺术都已经在游览区的舞台上光亮而又隆重登场，而且不断增添自身应有的品性和韵味；黎族、苗族民间文化艺术与槟榔谷地美丽淳朴的自

槟榔谷　（杨威胜摄）

然风光一起构成了颇具特色的旅游系列产品；槟榔谷地形成了以海南古老的文明为史脉，黎苗风情为中心，热带生态园林为纽带的远古文化，民俗风情，青山绿水，田园风光等特色景观，堪称“海南黎族、苗族风情圣地”。

第二节　饮食文化

一、山兰玉液醉天下

山兰米酒，美称为山兰玉液，黎语叫“biang”。它的主要原料是山兰香米。山兰香米如何来到人间的呢？在黎族民间有这样一个神奇的传说：从前，有位打猎能手阿虻，和妻子邬鲜靠打猎采野果度日。后来两人逃难到深山，期盼能过上温饱的日子。一天夜里，两人做了一个同样的梦。梦里，一位老翁说："有一只山鸽将送来山兰稻种，你们刀耕火种，日子会好起来的。"梦醒，两人都很惊诧。几天后的一个晴天，在一株椿树的枝丫上，阿虻看到了一只少见的鸟儿。他想：难道它就是老翁所说的送稻种的山鸽？阿虻招手想让山鸽飞下来，但山鸽不理会，他只好将鸟儿射下来，过了一会儿，山鸽死了。阿虻剖开山鸽的肚子，发现里面全是金灿灿的山兰稻种。春天到了，阿虻和邬鲜在山洞前的那块地上把稻种播种下去。秋天一到，山兰稻成熟了，阿虻和邬鲜将收割的稻谷留一半做种，一半用石头磨去谷皮拿来煮饭。后来，两人把稻种分给了乡亲们，从此往后，黎族人都种起了山兰，也开始用山兰米来酿酒了。

山兰米酒的传统酿造方法颇为独特，制作时，先将米浸透，搁到蒸锅蒸成干饭，待晾干后揉散成粒，再把用黎山特定植物和米粉制成的"球饼"碾至粉状搅拌入其中，然后放置在垫满芭蕉叶的锥形竹筐内，上面也用芭蕉叶封盖。三天后，朝下的竹筐尖部开始往置于筐下的陶土罐子里滴出浆液，这就是山兰纯液，呈乳白色。待山兰纯液滴干后，竹筐内的酒渣还可再用黎族传统工艺进行酿造，酿造出来的酒就是山兰白酒。或者装进陶制的酒坛里，一日后取少量冷水沁入并封口，埋到芭蕉树下自然成酒，一年后酒呈黄褐色，数载则显红色甚至黑色。其时米、糟、叶均化为浆液。逢贵客来临或重大节庆，一家开坛举寨飘香。由于酒与糟混在一起，为了不致喝进糟，便用竹管插入坛中，众客齐吸，古人有"竹竿一吸胜壶觞"的诗句。

山兰米酒制作的奥妙主要在于酒饼的内容。米粉并不是酒饼的主要材料，而是从山上摘取的几种稀有的树叶（叫不上名），这些树叶均含有幽香之味，却有甜与苦之分，可以制作出甜与苦的酒饼，再由酒饼酝酿出甜与苦（微苦）的山兰米酒。一般情况下，人们都会用甜酒

饼酿造甜香的酒液，因为它不仅味美甘甜，清醇可口，还能补气养颜，滋阴壮阳，深受绝大多数人的喜爱。不过，人们也会酿造微苦的酒液，因为那些营养过剩或是燥热滞食的人不适合太过于大滋大补了，而微苦的酒液具有降压除脂、消食去滞、愈伤生肌、驻颜长寿之奇异功效。因时制宜，因人而异，你可以先尝一尝甜的，然后，在必要的时候再饮一饮微苦的，或者，你可以先尝一尝微苦的，然后再试一试甜的。

山兰米酒不仅有苦的，还有黑色的。三亚黎族传统的山兰酒很特别，是黑色的。原来，里面加入了一种特别的植物——黑风藤。这是三亚特产的一种植物，生长在藤桥、郎典、凤岭等地的山地和丘陵地带，藤是黑色的，叶子是绿色的。黑风藤受到三亚黎族人的崇拜，认为它有驱鬼、驱魔、防病、止血等功效。以前，如果有人受伤了，亲属们就上山采些黑风藤回来，放在木臼里捣烂后敷在伤口上，起到止痛消炎愈合的作用。

不知从什么时候起，三亚的黎家人开始在山兰酒的原料里加入黑风藤。他们将黑风藤和米一起捣烂，晒干，蒸熟，然后放入酒糟发酵。制出来的山兰酒自然带有黑色，还有一股淡淡的草药香。如此珍贵的山兰酒自然不能时时饮用了，只有在欢乐的节日，或是至亲好友来做客了，主人才把美酒端出招待，20 斤一坛的酒，眨眼间就被喝光了。

山兰米酒不仅现在的人喜欢，古代的人也喜欢，如苏东坡和山兰酒就留下了一段佳话。北宋哲宗绍圣四年（1097 年），苏东坡被贬到达昌化军（今海南省儋州市）。当时海南“都县稀疏”，乡野多“风涛瘴疠”。苏轼路途劳累，心绪不佳，又时遭疾病侵袭，处境凄凉。然而，纯朴善良的黎族人却待苏轼如贵客，常请他喝“黎法”制成的酒。苏轼饮用之后，感觉很好。他思绪万千，欣然命笔：寂寂东坡一病翁，白头萧散满霜风。小儿误喜朱颜在，一笑那知是酒红。

苏东坡后来常和黎族朋友们饮酒畅谈，沟通情感，从中了解了黎族人的生存境况和乡风民俗，从而生发和表达出对黎族人的敬重和喜爱。他有许多关于黎族酒的佳句，如："华夷两樽合，醉笑一杯同"，"小酒生黎法，乾糟瓦盎中"，"冻醴寒初法，春醅暖更蒙"，"城南短李好交游，箕踞狂歌不自由。尊主庇民君有道，乐天知命我无忧。醉呼妙舞留连夜，闲作清诗断送秋……"

明代大戏剧家汤显祖，于明万历十九年（1591 年）渡海到海南并亲自踏访了黎族地区。当他看到黎族人结婚饮酒欢庆的场面时，情不自禁地写下了脍炙人口的《黎女歌》，诗中描写到黎族女子出嫁时，她家人办酒宴邀请亲人们前来喝酒、庆贺的场面，如："黎女豪家笄有岁，如期置酒属亲至……"也叙述了人们酒后的出门游玩和欢歌踏舞的情景，如："分头携手簇遨游，殷山沓地蛮声气。歌中答意自心知，便许昏家箭为誓。椎牛击鼓会金钗，为欢那复知年岁。"这样说来，汤显祖当年一定光临了结婚现场，一定尝到了结婚宴席必备的接待贵客的山兰米酒。

明代有名的画家邓廷宣，曾经特意到海南亲眼目睹黎族人的生活动态，专门绘制了我国历史上最早描绘海南黎族社会状况的画卷——《琼州黎民图》，由 15 幅画组成，图文并茂地介绍画中的主题。其中第六幅画中记载当时黎族饮酒娱乐的情况。画中注文："黎人无节序，每于十月后稻熟作酒，群相聚会，或遇婚配喜事，名为做亲家，亦群聚宴饮，择空地置酒数坛，宰所畜牛、羊、鸡、鸭、犬、豕之类而烹之。男女席地而坐，饮以竹竿，就坛而吸，互相嬉闹，尽醉为节。酒醉吹铜角系铜鼓为乐，或以木为架，置鼓其上，一人鸣钲跳舞欢呼谓之跳鼓。"

没有注明作者和时间的《琼州海黎图》也有 15 幅画，每幅都有文字介绍。第十幅画描绘黎族人饮酒、歌舞的场面。画的左上角注文："黎中无醴筵宴会，每岁时伏腊及婚姻，虽有烹宰，率皆饭以木杓，饮

对应竹筒，饱醉后则击鼓鸣钲，唱歌为乐，尽日始散。”

山兰米酒不仅迷醉了大文豪、大戏剧家、画家，也迷醉了歌坛、舞界的音乐家、歌唱家、舞蹈家。

国家一级舞蹈编导蒙麓光，以饱满的激情编导的民族舞蹈《种山兰的女人》，在全国舞蹈汇演中，一举摘取了闪闪发光的金牌！

国家二级舞蹈编导吉永和，以古典方式编创的民间舞蹈《欢欢喜喜收山兰》，在海南省第三届少数民族文艺会演中，也欢欢喜喜收获一等奖章！

“喝不完的山兰酒，唱不尽的黎家歌，酒多歌多多快乐，歌多酒多幸福多，听我来唱支黎家敬酒歌……”一首由翁超南、李济民作词、李济民作曲的《黎家酒歌》，不但自身荣获“五指山之歌”全省海南题材创作歌曲评比一等奖，而且还让演唱它的黎族歌唱家陈忠捧走歌曲演唱一等奖！

“甜不过黎家山兰酒，美不过黎家三月三。对对伴侣来相会，山欢水笑歌舞甜……”一曲由陈亮、运民作词、谢青作曲的《美不过黎家三月三》，像五指山那样美得原始、淳朴，美得传奇、秀丽，美得令人入迷、陶醉；它昨天才在五指山唱响，今天就传遍了整个海南，明天已飞出了岛外。是山兰酒哺育了歌声，是山兰酒酿造了三月三，又是歌声响亮了山兰酒，又是三月三美名了山兰酒，而且从那以后，年年三月三到来之时，人们都会首先放声唱响山兰酒……

近年，海南将科学方法与传统方法结合，在山兰酒的基础上生产出“山兰米酒”，多次在国际、国内获奖。据此，山兰米酒引起了海南社会及政府的高度重视。2009年的海南“两会”上，民进海南省委在一份提案中建议，推进黎族山兰酒市场化、产业化，将其打造成为富有黎族文化内涵的旅游产品。山兰酒有着悠久的历史积淀、厚重的民族文化背景，商业开发的空间巨大。做好黎族酒文化的文章，有利于丰富旅游产品开发，促进旅游产业向文化内涵的纵深发展。

二、各具风味的美食

黎族人懂得就地取材制作各种各样的原汁原味的传统美食，以丰富人们的生活内容和各种节庆活动及休闲娱乐的适时需要。在黎族民间流行的美食主要有：

1. 烧竹筒饭

竹筒饭　（奥雅摄）

其制法是首先截取一节竹筒（用嫩竹，要直要粗，底部留竹节），然后放入精米（最佳的米是当地产的山兰香米），再加上适量的水，便放在火堆上慢烧细烤，待竹筒里的水烤沸之后，在竹筒的顶端加盖（塞以木塞或树叶），继续边烤边翻，直至闻到一股饭香味为止。饭熟后，稍候片刻用刀子把竹筒轻轻地破开，就可以用饭了。特点是饭粒松软，味道特别，爽而不腻，老少皆宜，既有米香味又有竹香味，因而黎胞称之为“竹筒香饭”。烤饭时如果加点野味，如野猪肉、鹿肉之类，并拌入上等酱油、精盐，其味就更美。

2. 南瓜饭

人们守山兰园时，把山兰园里的大南瓜，从瓜蒂部开洞，取出瓜瓤，盛上水放进适量米和盐巴，封闭洞口放到火上烧成南瓜饭。这饭可以用刀连瓜带米一块切出来吃，适宜血糖高的人食用。

3. 椰子饭

即把椰子从蒂部开洞口并保留其水，把米装入椰子内再密封，以

椰子皮和壳当锅，放进火堆中烧成干饭。这饭一打开尽是椰香味，立即让人垂涎三尺。

4. 米糕

海南话叫“thiam^{33}　bua^{35}”。最早的时候，米糕是红色的，但现在各种颜色都有。它的制作方法很独特。黎家人收割稻谷后，将洗干净的稻草放在灶架上慢慢烤干烤红。要制米糕，先将它们放入装有清水的大盆里浸泡。当清水完全变成棕红色的水质时，便把糯米倒进去泡。四个小时之后，把水滤掉，米倒入竹箕中晾干，然后拿去粉碎。把和好的糯米粉放入蒸盘，下面垫一层芭蕉叶，最后在锅里蒸两三个小时就大功告成了。这样制出的米糕有一种特别的烟熏味，凉了会变硬，待到要吃的时候，重新蒸一蒸或下锅炒一炒，又变软了。米糕可保存五六天，以前，黎家人出远门时，喜欢拿些米糕放在背后的兜篓里，路上可以当干粮吃。逢年过节，黎族人家家户户都要制作米糕，村里地位最高的老人“奥雅”更是要煮上几十锅，然后给每家每户分一块。最初的时候，米糕没有馅，为了调味仅加些盐。后来口味就多样化了，有的加入黑豆黄豆，有的加入红豆蚕豆，颜色不再是单一的棕红色，味道也变成有甜有咸，满足了更多人的喜好。

米糕也叫年糕，年糕因为谐音“年高”，再加上有着变化多端的口味，成了家家必备的应景食品。年糕一般是搞成方块状的黄、白年糕，象征着黄金、白银，寄寓新年发财的意思。真正过年的前一夜叫团圆夜，离家在外的游子都要不远千里万里赶回家来，全家人除了围坐在一起吃年饭，还要象征性地吃上几块年糕，以表示回家过年不仅其乐融融，还会得到“招财进宝”、“吉祥如意”的大好运气。

5. “南杀”

它是一种味道独特的酸菜，在酒席上能像黎族人一样吃“南杀”者，将是深受欢迎的客人。腌制“南杀”有两种方法：一种是取料于野菜，黎语叫做“尼嫩”草（剥去叶子取其幼茎）或“志温”草（取其幼茎和叶子），用冷饭水冲调，密封十天左右发酵成独特气味的酸菜。另一种是把牛或山鹿的脊椎骨斩碎，与半熟的热干饭拌调，加进适量食盐，用罐子封存，经过一个月以上或一两年时间的发酵后取出食用，是一种常备的酸菜品种。“南杀”气味很浓，一家煮“南杀”，全村都闻到酸味。在炎热的三月天，黎族男女上山焚山兰地、收拾焚烬余杂时，以“南杀”下饭或下酒。这是因为焚兰地时，人吸进了大量的灰尘，据说吃了有酸性的“南杀”，能把吸进的灰尘分解，起到防病作用。

6. 鱼茶

它是用鱼肉制成的一种酸菜，分有湿与干两种。原料是淡水长鳞的鱼类，先将鱼处理干净，大鱼要剁成小块状，小鱼留着现成，晾干。如果要制作湿性鱼茶，就要将日常食用的普通米煮成稀饭，待稀饭凉后，把鱼和稀饭搅到一块，再拌入适量捣碎的野山姜，然后塞入玻璃瓶或陶瓷坛中，密封 12 天左右即可成为软绵绵的酸味鱼茶。如果要制作干性的鱼茶，就要将山兰糯米炒至八九成熟，捣碎，与处理好的鱼块、酒饼和野山姜拌匀，然后塞入玻璃瓶或陶瓷坛中，密封 2～3 个月后才能吃到软硬适中的酸香可口的鱼茶。

7. 鱼茶酿苦瓜

原料为黎家特有的鱼茶，再加上新鲜的苦瓜，还有山蒌嫩叶、鱼肉、瘦肉。先将苦瓜切块，用盐水泡着待用，鱼茶、鱼肉、瘦肉剁烂调味，酿在苦瓜里，然后煎、焖熟透，加入山蒌嫩叶丝、勾芡便成。其特点是苦瓜很入味，口味苦、咸、鲜、开胃。

8. 山兰甜糟鱼

用山兰糟将福寿鱼浸泡 3 小时，接着用花生油文火煎鱼，然后将鱼、山兰甜糟、山兰酒放入砂锅焖。做成的菜肴色泽洁白、鱼肉鲜嫩、

甜中带酸。

9. 鱼酥

原料为马鲛鱼 1000 克，糯米粉 500 克，姜末 10 克，蒜泥 10 克，米醋 10 克，味精 1 克，精盐少许，红灯笼辣椒 1 个。制法为将姜末、蒜泥、米醋、味精、盐、辣椒加适量冷开水调成佐料待用。将糯米粉加冷开水调成浆。将马鲛鱼开剖洗净，切去鱼头、鱼尾和前鳍，取出净肉，用平刀法切成 7 厘米长，4 厘米宽薄片。将锅置火上，将菜油或花生油烧至七成热，将马鲛鱼倒入米浆中调匀，再一片一片放入油中炸至金黄色即成。将炸好的鱼酥配以佐料食用便可。其特点为色泽金黄，外酥内嫩，鱼肉爽口。蘸调料吃，鲜美中微带酸辣味，耐人回味，越吃越想吃。

10. 米粽

制作米粽时，先把糯米浸泡，淘干净后掺进芝麻或黄姜水，用粽叶包成各种形状的米粽。米粽有的包成三角形、有的包成长方形，有的包成菱形，粽内常常夹着猪肉片或蛋黄。

11. 白糯米饼

白糯米饼是用少量细糠揉上糯米做成，白洁光亮，象征纯洁无瑕的一片真情实意，因此又称为“心意饼”。白糯米饼可存放很长时间，而且不会变质变味。饼要是干了，把它放在温火上慢慢烤热，它就会膨胀发大，这时候拿出它来，拍去沾灰，趁热吃，那是相当痛快淋漓的。白糯米饼是黎族人探亲访友的上乘礼品。

12. 媳妇饼

用经过炒爆捣烂的芝麻揉上糯米做成，黑糊糊的芝麻粘满了整个饼，样子虽不大好看，可香味扑鼻。老人们说，姑娘要是吃了黑糯米饼，吃得很香，就会让爱恋她的小伙子不变心，因此这种饼也称“媳妇饼”。有的姑娘第一次上男方家，吃完黑糯米饼，“爱”就深了；待第二次到男方家吃过黑糯米饼，“情”就固了；待第三次进门吃完黑糯米饼，就要生死永当男方家的人了。所以，女人一旦生了男孩，就努力学着做最香最甜最好吃的黑糯米饼，好将来给儿子找个最漂亮能干的媳妇。而七八岁的女孩聚在一起，就会评论哪个阿婆的黑芝麻糯米饼做得最好吃。

13. 庆丰饼

将煮熟的山豆或扁豆和蒸熟的糯米一齐倒进米臼里，用杵把它们捣烂后混合在一起，糯米的颜色就变红了，再做成红糯米饼。这种饼都在秋收后制作，因为这个时节是农作物的收获季节，成熟的各种物产满仓满囤。红糯米庆丰饼味道独特，让人吃完一个，还想吃第二个，而且越吃越爱吃，就是一时贪嘴吃多了，也用不着担心闹肚子，因为豆类食物是开胃的。

14. 五月茶

以鹧鸪茶为主要成分，配上一定数量的益智果、茅草根、金银花、红营椰子根等中草药，具有清热解渴、防止伤风感冒和稀沥肠胃消化的作用。由于当地人习惯于农历五月采摘，故称为“五月茶”。“五月茶”分为常饮和治病时饮。常饮即平时家里或招待客人用时，将热开水冲就可饮用，其味道清香甘甜，人们称为“解渴茶”；治病饮的要用土罐煮开，倒出一半为口服，另一半当热度未降时，放在患者身边用被、席子围裹住，使患者满身出汗，这对患伤风感冒的人有治疗效果，人们称之为“治病茶”。

15. 橙汁扣小黄牛

原料是琼中带皮小黄牛、琼中绿橙橙汁、本地五花肉。这牛是吃野草、啃中药长大的，这猪是嚼木薯、食地瓜长成的。优质食料，自然造就了口感的美味。做法是将小黄牛肉炸至金黄，接着将五花肉、橙汁及其他佐料放下锅煮，取出五花肉切片，和小黄牛肉一起扣入碗

中上蒸笼蒸熟，最后用勾芡的原汁淋上即可食用。

16. 鸡屎藤汤

原料为一级大米 1000 克，鸡屎藤叶（鲜叶）300 克，红糖 700 克，白糖 300 克，姜汁 30 克，椰奶 100 克。制法是将大米淘净，用清水浸泡 300 分钟后沥干待用。将鸡屎藤叶切细切碎，放入大米中搅匀后电磨成鸡屎藤粉。将鸡屎藤粉加适量冷开水揉匀，擀成 0.5 厘米薄片，用刀切成长 2 厘米、宽 1 厘米小块，用开水烫熟后过冷水沥干待用。将锅放置火上，倒入热水，待水开后，将红糖、白糖、姜汁放入开水中煮成汤。取小碗盛适量鸡屎藤，加少许椰奶，加入甜汤即成。其特点为滑软色绿，味道鲜美，椰香浓郁，消炎健脾，清热解渴。

17. 绿叶宝

先把山蒌绿叶用花刀切成圆形，然后两张中间夹上百花馅，沾上脆浆放入备好的油锅中炸熟，装盘即可。其造型美观，外脆内香、鲜嫩无比。

第三节　医药文化①

黎药与藏药、苗药同样是我国医药的宝贵财富，并具有鲜明的海南地方特色，黎族医药在海南黎族民间运用的历史悠久，不但是海南乃至全国、全世界都是一枝独秀。

黎医黎药是黎族人民世代相传的传统医药。它具有民族性、地域性和传统性，是黎族人民在长期与疾病斗争中反复实践积累起来的防病治病的药物，是祖国医药宝库中重要的组成部分。黎族地区天然药材资源十分丰富，品种繁多。五指山地区现有药用植物 500 多种，动物药 200 多种，矿物药 100 多种。黎族一直在开发和利用着这些草药。

① 此节以温锦清、陈康著的《黎族的文化艺术》中的黎族医药篇作为参考。

据《崖州志》记载的草药证实，黎族民间对草药形态、性能、性味、功效、采集、加工及分类都有了比较全面的认知，特别是对毒蛇咬伤、接骨、跌打损伤、中毒、风湿、胃痛、疟疾、风痧症、瘴气、疑难杂症等的治疗方面都积累了丰富的经验。黎族民间从事黎医的人，多为自采自用，自己加工配制草药。

舂药　（奥雅摄）

黎族有一个传说，很早以前，黎族人聚居的地区发生过一场很大的瘟疫，这场瘟疫使很多黎族人丧命，但有一家人却没有一个人被传染上瘟疫。幸存的村民感到奇怪，思来想去大家终于找到了答案，原来他们每天都用屋前树上的叶子煮水喝。于是大家也纷纷采这种树叶煮水喝，果真都没被传染上。

虽然只是个传说，但从中可以看出在终年常绿的海南岛，黎族同胞对这里的植物由于种种的机缘巧合而有了感性的认识，慢慢地就知道哪些植物可以在实际生活中治疗什么样的疾病，逐渐了解和掌握了一些医药学知识。

黎药大约经过了三千多年的传授，加上海南独特的地理位置赋予了海岛丰富多样的植被，形成了这个民族独特璀璨的医药学文化——黎族医药。

一、世代传承的医药理论

黎医用药的理论认为，药的性、味、效是源于土、水、火、气四行。土为药物生长之本，水为药物生长之液，火为药物生长之热，气为药物生长运行之动力。这里简明叙述了药物生长的自然条件和生态环境的因果互动作用。水与土偏盛，药物味为甘；火与土偏盛，药物味为酸；土气偏盛，药物味则涩。

一般来说，“肝脾”类疾病可用甘味、酸味药物治疗，而用苦味及辛味药物治疗可加重病情；“心肺”类疾病可用苦味及辛味药物治疗；“肾”病者可用甘味、咸味或涩味的药物治疗，或食物治疗。黎医用药大体分为汤剂、药酒、粉剂、捣烂剂等。总之，重点在于药物的配伍，适量即取得更佳疗效。

黎医认为，植物草药的性能，与地理、气候有密切的关系。在阳光强烈照射的地方生长的草药，它的性能是热性的；而生长在阴凉地区的草药，其性能是寒凉。黎医还把药物的效能分为寒、凉、热、温、清、轻、重等，要求药物性能和疾病病因相对应，如寒性疾病则用热性药物治疗等，这是黎医辨证施治的方法。在饮食方面也要注意适应病人身体的需要。在冬季提倡多吃咸、苦、酸的食物，多吃热性的食物和野生动物如鹿、山猪、黄猄、蛇类、羊肉等，以增加人体对热量的需要。除冬季外，对于其他季节的饮食则要求不严格，甜淡酸咸凡易消化吸收均可。

此外，黎医在人的日常行为方面也有些要求，强调人的肉体、言论、情欲和精神都必须有所制约。对身体、精神健康的人平常应选择适宜的行、坐、卧等，不要随便佩带铜钱红线作护身符。人都应当尊老爱幼，团结邻居，只有行为高尚的人，才能健康、愉快、长寿。

二、比较多样的疗法

黎族医生的医疗活动主要是以草药为主，一般来说是以植物的根、茎、叶直接用药。他们在研究中还发现，黎医在用药时认为不同颜色药材可以治疗相应的疾病。如开黄花的植物可以治疗黄疸型肝炎，红色的植物可以养血，有白乳汁的植物可以治产后少乳。与中药不同的是，黎族医生在疾病诊疗时，还需要考虑黎族历法，如“猴子病”（形体消瘦、消化不良病）的治疗及用药，要选“猴日”，用猴子膏等煮粥吃，并用滋补的草药煮水内服，同时用芳香兴奋的草药煮水洗澡。

黎族人民在长期的生产生活实践中，对一些植物、动物的药用功效有一定的认识，并应用于临床治疗，掌握了一些治疗病症的方法和技术，积累了一些医疗经验，能够对一些常见的内科、外科等疾病进行诊断、防治和治疗等。

通过正确的诊断来确定病位、病因，是黎族医治病痛的重要手段之一。诊断时，主要观测和检查 4 种感觉器官（眼、鼻、耳、舌），4 种感受（形、声、触、味），5 种气味（痰、吐物、泻物、小便、血）。这些观测和检查，是以望诊、闻诊、问诊、脉诊这 4 种诊断方法来进行。

1. 诊断方法

（1）望诊：舌头、皮肤、眼球、尿、粪便、人的神态都是望诊的对象，主要是观察它们的颜色、形状等来判断疾病。如舌诊，着重于舌的颜色、舌苔和舌质，是通过与舌有关的各种疾病的特殊病症来判断疾病；尿诊则把尿液倒入干净的瓷碗中，并迅速搅拌，观察出现的泡沫形状及气味、颜色和碗底沉淀物，有的医生则取尿液一滴在自己的指甲上，通过尝尿液的味道，有何感觉，以判断疾病的类型和轻重。

（2）问诊：医生用黎语有启发性地询问病人的病史，如何时得病，

曾做过什么治疗，服用过什么药等，以便进一步了解病情，从而判断病人疾病的一般性和特殊性。

（3）闻诊：耳闻、鼻嗅等属于闻诊。闻诊可分为两种——听声音和嗅气味，通过听觉和嗅觉，来分辨声音和气味的正常与异常，再结合其他诊察方面所获得的资料，加以综合分析，从而得出何种病症的结论。

（4）脉诊：脉诊时，一般是患者为女性则先诊右手脉后诊左手脉，男性则先诊左手脉后诊右手脉，而黎医则右手触诊病人之左手脉，以左手触诊病人之右手脉。诊脉通常用的手指为食指、中指、无名指。触诊时主要注意脉向的长度、宽度、浮、沉、滑等特征。黎医认为，人体器官分布于人的左右手指尖，如脾在左手触诊，肝胆在右手触诊，肾器官可以左右两手触诊，这是黎医脉诊中的一个特点；在有关五脏六腑相关诊断等方面，黎医和中医学相仿，如五脏为阴，六腑为阳等。

2. 治疗方法

黎医的治疗方法多种多样。内治主要服用经熬煮的草药水为主，外治则有拔火罐、火点、放血疗法、艾灸、热敷、按摩、药熏蒸疗法、药水浴、外敷法等。在药物治疗的同时，还要调整病者的起居，饮食和精神治疗，并且讲究饮食禁忌等。

在临床实用的黎医治疗方法有：

（1）火针疗法：常用布伞钢线一截，长10～12厘米，一端磨尖，一端安上木柄，即成火针。使用时，先把尖的部分放在火炭里烤红，后蘸上蓖麻油，点火烧热，待火熄灭后，迅速点刺在治疗的部位上，此法常用于治疗瘰疬、腰腿痛症等。

（2）针挑疗法：用大号缝衣针等针具，根据病症选择体表上某些部位，运用不同手法挑破其浅层皮肤或皮下纤维而达到治疗的效果。先选择病症的体表或穴位上的病理阳性反应痛点，常规消毒后，用针对准针挑点下针，其手法有浅挑、深挑、慢挑、轻挑、重挑、摇挑等。针挑方式有点挑、散挑、环挑、排挑，一般一个针挑点反复数次，挑完后用碘酒消毒创口，此法常用于治疗疳积、腰痛、痧症、痫症、瘿瘤、痔疮等病症。

(3) 挑痔疗法：常用于治疗炎性外痔，轻度脱肛等病症。方法是首先在患者腰骶部寻找痔点，形似丘疹（不突起皮肤或稍微突出皮肤或帽针头大小圆形），稍带有光泽，为灰白色、棕褐或淡红色等，压不通色，确定位置后，经消毒便用缝衣大号针在定位表皮上纵向挑破0.1～0.2厘米，而后深入皮下挑，将白色纤维物挑断，一般不出血，挑完后，用2%碘酒消毒，加上胶布贴紧即可，相隔7天后再挑一次即可治愈。

(4) 挑疳积治疗法：一般用于小儿疳积症、消化不良症。方法是在四缝穴处挑刺并轻轻地挤出黄色黏液，再加鸡屎藤、适量的粳米混合研成粉，用开水冲后内服则可愈。

(5) 灯花灸疗法：用灯芯草蘸蓖麻油后，直接点燃在病位或穴位上，以能听到嘶嘶响的声音效果为最好，常用来医治头痛、四肢麻木、风湿性关节肿痛等症。

(6) 艾灸疗法：作法是直接在皮肤上灸或淬药（生姜法、蒜瓣、生盐）灸，每次15～30分钟，常用于治疗风湿胃痛症、寒性病症，慢性病症等。

(7) 刮痧法：用铜钱、光银或药物等在病人身体上进行刮治的一种治疗方法。取烟筒的烟水用碗装，在刮时用手指沾碗中烟水，涂在病者某些部位，右手握铜钱，从头颈、背部、四肢向下由近而远反复刮，刮的动作要求轻柔有力，以病人有胀、酸、轻度感痛为度，以皮肤出现微红为宜，它作用是散热解热、通里透表、追风活络，有调节胃脾功能的疗效，常用于痧症、外感及肠胃病等。

（8）药物熏蒸疗法：用燃烧药物的烟气或煮药蒸的气熏在患处，以达到治病的一种方法。取软筋藤、软筋叶、沈香、人发、槟榔渣等药物一起烧后，用其产生的烟气在患处熏，同时用被毯覆盖患者，此法常用于治疗骨折、扭伤等。还有一种是用生姜、大枫艾叶、土紫荆、五指树叶、东风橘叶等，做法同上述，用来治疗伤风感冒、周身关节酸痛等，患者以出汗效果最好。

（9）药物熏洗疗法：用大枫艾、舒筋藤、红葱、沙姜、老姜、两面针叶、透骨草等药物熬煮后，熏蒸在患处，待药液温度低到适宜时再行沐浴。此法常用于治疗腰脚痛、风湿性关节痛、外伤性肢节扭伤等。

（10）敷贴疗法：用几种草药捣烂，直接敷在病人痛点或穴位，通过药物的刺激，调节人体气血运行，以达到治病的目的。

（11）佩药疗法：选用药物挂在病人某些部位，达到防病治病目的的一种外治方法。将无伞叶、猴子当叶、飞鼠、两面针叶、熊毛等药物混合研成药粉，后装入小布袋，佩挂在某些部位，可防病治病，使人健康以及避孕等。

（12）内服法：通过审察病因、病症确定治法，然后选用黎医常用内服药组方剂、单方或数种味药，熬煮内服。其功效有运气、行血、散结、消滞、祛瘀、活血等，也可清热解毒、止痛等。此法可用于医治各种病痛。

（13）酒疗法：采用中草药单味或数种药及动物药来泡酒，后通过喝适量的药酒以达到防病治病的方法。如蛇酒，取活毒蛇若干条，用线扎紧它的肛门就直接把活毒蛇放入酒坛里立即密封，待浸泡至酒色变黄即可开坛饮用，还有用动物骨节浸泡酒，治疗风湿病、节肢麻木疼痛等症，常饮此药酒，可达祛风、追风等功效。

（14）拔罐疗法：此法有火罐法、水罐法、油罐法、药罐法等。工具多用水牛角、黄牛角、羊角、鹿角等，具体做法是将点燃的火放入角洞里，迅速倒扣在病人的痛点部位、穴位上，到一定时间才取出，即可达到止痛、活血、祛风、除湿、拔毒等作用。此法可治疗感冒、哮喘、风湿性腰腿痛、肩周炎等。

（15）药熨疗法：此法有两种，一为药熨疗法，选用有芳香、止痛祛风、消肿的中草药如山茶叶、山姜叶、土京、散血丹叶、夜来香等数种捣烂后，搁于火灶里煨热，后取出在人体的脐部位反复来回数次熨即可；二为热开水疗法，用毛巾放入热开水里，取出拧干在病人疼痛部位反复数次熨即可。此法对治疗风湿性关节痛、痹症有一定疗效。

（16）食物疗法：根据季节与病症的情况，选择食物、药物调配制成食品，吃后以达到防病治病的或调补强身的目的。黎医传统食疗有直接吃水果、蔬菜、禽兽、水产类的药物，或加工为药粥、药汤、菜肴食用，比较注意食物的相克和禁忌。此法广泛应用于各科病症及各种虚症的调补作用，还有药垫疗法、药枕疗法、浴足疗法等。

3. 毒蛇咬伤的处理方法

毒蛇咬伤事件多发生在野外或深山老林里，即时处理的方法是根据野外或深山老林的条件，患者自己或同伴可以即时采用的办法。一般按下列步骤进行：

（1）绑扎处理：凡被毒蛇咬伤后，应用绳索（裤带、衣布条、毛巾、藤蔓等）作绑扎处理，可大大减少或免除中毒的危险。绑扎目的是使受伤的部位血液循环暂时处于停滞状态，阻止蛇毒随血液流遍全身。绑扎越快越好，最好能在1～2分钟内完成。如受伤十分钟后再绑扎，就已失去绑扎意义。一般在做完挤毒和敷药处理后，即应松去绑绳。如没有把握松去，应每隔10～20分钟就放松一次。否则，可致绑扎外端的肢体坏死，造成不良的效果或致残疾。

（2）伤口清洗处理：绑扎完毕，接着用清水将伤口洗净，清洗时

如发现伤口内有毒牙，应及时拔出。

（3）挤毒处理：伤口洗净后，立即用小刀或竹片刃，将毒牙咬过的伤口稍扩大，而后即用两手同时从四周向伤口挤压，挤到伤口出血液 1～2 小杯，就能把蛇毒素大部分排出。也可用嘴对准伤口吸毒，随吸随吐，连续十数次或更多，吸后用盐水或酒漱口。但应注意，凡口腔黏膜有溃烂的人，不能用口吸毒。如伤口在肌肉丰满部位，最好用竹筒似拔火罐法吸毒，有效又安全。

（4）敷药处理：挤血完毕，就地寻找治蛇虫咬伤的药，如半边莲、红辣草、鹅不食草、望江南等，口中嚼烂，敷于伤口周围，并应同时采蛇虫咬伤药内服解毒。敷药处理后，应看患者病情，重者急送医院治疗。

一般情况下，凡被毒蛇咬伤的，总是用内服药治疗，主要原则是解毒、排毒和利尿。

4. 黎医的传统常用药

黎医的传统常用药，可分为黎族地区产的常用药和外地传入黎族地区的常用药。

黎族本地产的传统常用药有：黄皮叶、兰草（山薄荷、独脚球）、鬼针草（一包针、金盏银盘）、五指柑（牡荆、埔姜）、伞托树（鸭脚木、鹅掌柴）、竹叶草（鸭跖草、竹叶菜）、土牛藤根（兰草、多须公、六月雪）、土甘草（点秤星、秤星木、假青梅）、三枝枪（三椏苦、三椏虎、三叉虎）、地胆草（地胆头、土公英、苦地胆）、山苍树（木姜子、豆豉姜、山鸡香）、草蔻仁、田基黄（地耳草、雀舌草）、鸡骨草（黄食草、小叶龙鳞草）、山芝麻（假芝麻、山油麻）、黄连藤（黄藤、古山龙）、蔬花兰（三角草）、白云草（东风菜、仙白草、钻山沟）、小叶蛇总管（香茶菜、铁拳头母）、千云竹（英雄草、察刁生、徐长草）、七叶一枝花（铁灯台、蚤休、金钱重楼）、半边莲（蛇利草、细来草）、一枝黄花（大叶七星剑、百根草、治蛇草）、花生皮（花生的红外皮）、紫珠（大叶紫珠）、草紫叶、散血丹、鹿角胶、鹿角渣、胎胶（羔）、骨筋胶、熊胶、熊胆、熊毛、猴子胶、鹿茸等。

外地传入黎族地区的常用药有：石膏（软石膏、砍石膏）、滑石、花蕊石、礞石（青礞石、金礞石）、赤石脂、代赭石、丹砂（朱砂、晨砂）、磁石、硫黄、雄黄、砒石（砒霜、信石）、轻粉（汞粉、腻粉）、白矾（青矾、明矾）、炉甘石、硼砂（月石、蓬砂）、铅丹（黄丹）等。

第四节　体育文化

黎族的体育起源于生产生活、宗教信仰、抵御外来侵害、健身娱乐等。在伴随黎族的生存与发展中，它饱受时代风雨的砥砺，并深深地融入黎族人民的生活，已成为黎族人民生存与发展的历史写照，是祖国宝贵的非物质文化遗产。

黎族的体育文化具有以下特点：

1. 具有浓厚的本民族生活特色。先民们繁衍生息于海南岛上，由于受经济自给性和社会封闭性的影响，他们在劳动生产与生活等活动中孕育了体育文化，并带有很强的地域色调。如射箭、射弩、粉枪射击、串藤圈和攀藤摘花、爬竿过树、托物竞渡等，是特定地理环境里黎族人民生存与谋生的手段，与黎族人民赖以生存的自然环境有着密切的关系。

2. 具有娱乐性和健身性并重的特点。黎族人民在劳动生产与生活实践中创造了许多侧重于人的身心需要和情感愿望满足的健身娱乐体育活动。如荡秋千、拉乌龟、打狗归坡、打木节、拔绳、竞走、荡转车、守营、背人碰撞等，通过这些体育活动，人们不但得到令人愉快的情感抒发和宣泄，而且达到了强身健体的目的。

3. 音乐、舞蹈与体育交融。黎族部分传统体育项目将音乐、舞蹈与

体育融为一体，具有很高的艺术性和技巧性，要求参加者不仅要具有良好的身体素质，还要具有一定的音乐素养和舞蹈技巧。这些传统体育项目常在重大节日或集会时进行，极具观赏性。如打柴舞，击竿者，时跪、时蹲、时站、节奏时快时慢，难度较大。跳竿者随着竹竿的分合、高低、快慢，灵巧地穿梭于竹竿之间，跳出各种不同的舞蹈动作。

4. 具有浓厚的民俗与宗教色彩

传统体育项目，有不少项目具有浓厚的宗教色彩。如“敬祖舞”是以舞姿向祖先祷告，祈求庄稼丰收、人畜平安；“驱鬼舞”是在娘母带领下所跳的一种意为赶走附身鬼魂，为病者除邪的祭祀舞蹈；“老鼓舞”是人们在每年春节期间，为了祷告当年人畜平安，五谷丰登，由道公带领群众所跳的一种祭祀舞蹈。

5. 因地制宜，便于开展

传统体育项目是在自然环境和社会交际中适地适时产生的，因此，能够因地制宜的存在、传承与发展。黎族人民生活在山区，山区丰富的自然资源为黎族传统体育项目的开展提供了诸多便利，传统体育项目的开展一般不需专门的运动场地和运动器材。如“打狗归坡”和“拉乌龟”等项目可在收割后的稻田里进行；荡秋千、攀藤摘花、拔绳等项目所需的绳子可用当地的藤条代替。由于诸多传统体育项目不受场地和器材的限制，便于组织，易于开展。

一、源于生产生活的竞技

1. 串藤圈

黎语称串藤圈为“盖洌”，即穿标之意。古时候，生活在深山密林中的先民们常以投掷石器、长矛、短刀、飞镖等方法捕杀猎物。为此，他们平时经常制作大小适度的藤圈，然后放在地上或挂于墙上，以藤圈的中心位置为投掷的目标，以达到提高手臂的灵巧度和投掷的精确度，以充分强化日后觅食的本领。这个玩法在猎户那里存放了许多年代，后来被乡村的玩童们模仿，玩要得津津有味，再后来才逐渐演变为“串藤圈”竞技游戏，深受青少年的青睐。新中国成立后，这个竞技游戏首先在山区各民族自治县通行，后来才推广到其他市县。在每年的重大节庆活动中，“串藤圈”是少不了的竞技项目，报名竞技者不在少数，而围观者更是不计其数。人们按照它的既定规则举行不同的竞技活动——选择一块比较大面积的平地，并准备好山藤制成的直径约 40～50 厘米的圆圈若干个，用青竹制成系着绳索的标枪（约 1.5 米长）若干支。参加的人数不限，可进行单人与单人或集体分组游戏比赛。比赛时，分甲乙两方，首先由甲方的人负责向空中抛圈子，乙方站在规定的距离边上，用标枪向空中飞旋的圈子投掷，如果标枪穿过圈子，绳索也绞上了圈子，即为捕获猎物，便得分。甲乙双方互换，规定到了一定时间结束竞技，然后计算分数，以最高得分为胜者。

这个竞技正好验证：“台上几分钟，台下十年功”这句话的道理。那些获胜者不管是山民或是市民，显然是没有了巡山打猎的机会，但为了每年难得的一次“串藤圈”竞技，他们平时都用功苦练。当然，有人也认为这个竞技重在参与，让喜爱它的青少年得到锻炼视力和体力的机会也是一件好事。最令人高兴的是，这个竞技原来是男子的专利，现今已有不少勇敢的女子欣然参加。可以说，年轻女子的参加真的使这个竞技活动增光添彩了。许多小伙子都喜不自胜地说，男女搭配，竞技不累，要是获得头名说不定还会博得姑娘们喜爱的目光呢。

这个竞技项目确实给青年人创造了交际的时机。青年人不但懂得苦练本领，也懂得借此机会结识异性，友好往来，谈情说爱，还有人以快速的“抛圈招射”的方式来穿针引线，选择伴侣。

2. 爬竿过树

这个动作与爬藤过树是一样的，它是我们祖先在森林中走动觅食

的一种拿手本领。后来人类离开树林就少用了，只有到上山砍树开辟山兰园才又用上。在过去那个刀耕火种的年代，每到农历二月，男女劳动力都要上山开垦山地种山兰稻。当砍大树枝时，男子们都会事先做好一根长长的尾部绑有木钩的竹竿，一旦要上树就将木钩伸到某个树枝上钩紧，然后顺着竹竿往上攀，当砍完一棵树的树枝后，又将木钩伸到另一棵树钩紧，再抓住竹竿像荡秋千似地荡过去。一棵接着一棵树荡，荡来荡去，完全不需要下地，既节省时间和工夫，又锻炼了人的臂力、脚力及手脚协调性、身体平衡性，能够培养人的坚强、勇敢、勤劳的处世精神。许多年以来，虽然已经封山育林，不许砍伐树木，但人们还是念念不忘，为了传承这一有益运动，人们干脆将它演变为民间的一项体育竞技活动。比赛前，人们一般会做好充分考虑，既不会伤害树木和人，又能让比赛顺利进行，所以一般会选择树木间隔有三四米的大树林作为比赛场地。参赛人数一般不限，只是要选好竹竿，在竹竿上绑紧木钩。一个选手只能操一根竹竿。比赛一般以 3～4 人一组。裁判员一声令下，选手就得立即行动，先将带钩的竹竿钩到一棵树上，人顺竹竿攀到树上，紧接着再将竹竿伸到另一棵树，人也随即荡去，然后重复原来的动作，又随着竹竿荡到另外一棵树。选手要荡到指定的最后一棵树，从树上下到地上才算到达终点。

这个运动既严肃活泼，又十分有趣。有的高手显得稳健沉着，不慌不忙，没开始时，便注意观察前面要经过的路况，有所沉思。等到开始时，他有意慢那些对手几步，可一到树上，人就像没有体重的猴子一样，以飘飞的几乎没有声响的速度迅速到达终点。而有的选手就不一样了，可能是紧张过度，在操作过程中让竹竿脱手掉地，只好顺树“唰”的一声，滑了下来，取了竿子又慌不择路地重新攀树，这么耽误了一下，别个选手就已经荡过好几棵树去了，他只好望“树”兴叹了。还有的选手可能是运气差了点，人家过关斩将，没有多大羁绊，而他却荡进了盘于某棵树上的山藤丛中，被山藤缠住了手脚，好不容易才解围，而人家都已经到达了终点。

3. 赛牛和赛牛车

在过去，牛是人们唯一的犁地工具。人们爱牛，把牛饲养得壮实有力，以便于生产，也以便于显示自家牛的本领。出于显示自家牛的本领，人们会趁某个重大节日来举行骑牛比赛，看一看谁家的牛真的有本领。比赛时，主持人在草坡或荒地上划出一定的距离，参赛者在起跑线上骑牛静候，一旦比赛开始，便用鞭子或树枝赶着牛跑，谁坐得稳而牛又跑得最快的为赢者。

茅屋与牛车　（奥雅摄）

在平地比较广阔的地区，牛车也可以进行比赛，每当秋冬农闲时节或节日，有些村寨就组织赛牛车活动，可在村与村之间进行，声势浩大，场面热闹。比赛时，主持人先选好地段，划好起跑线和终点线，参赛者先套好水牛，进入指定跑道位置，听候裁判员发令，以到达终点线的时间来计算名次。赛牛车主要体现出人们之间的交流，增加节

日的欢乐气氛，名次的先后是次要的，重在参与，以体现人们开朗、豪爽的乐观精神。

二、源于抵御外来侵略的竞技

1. 钱铃双刀

钱铃是在一根长约60厘米的小竹竿上用铁条串上十几个铜钱，摇起来发出呤唧脆响的声音，而双刀则是明晃晃的长约10厘米的短刀。民间有一传说，钱铃双刀起源于一个动人的爱情故事。从前有两位黎族青年同时爱上了一位黎家姑娘，其中一位谦虚、诚实，另一位则骄傲、狂妄，姑娘选中了谦虚、诚实的小伙子。婚礼时，骄傲、狂妄的小伙子手持双刀要求新郎与其比武，并想乘比武机会伤害他。聪明的新郎机智地拾起钱铃，以巧妙的技艺，战胜了勇猛的执刀者，使自己摆脱了困境。后来，钱铃双刀对打经过加工整理便从黎族“斗婚”的方式逐渐演变成钱铃双刀舞，形成传统武术和舞蹈的结合。也有人把钱铃双刀舞分解为“钱串操”和“双刀武术”成为两种不同格调的表演，既可单人表演，也可集体表演。钱串操要求每人手拿一支钱铃，用钱铃撞击身体的不同部位，发出有节奏的声响，伴着响声时而跳跃、时而转体，还不时地齐发出“嘿、嘿”的吆喝声。

在表演双刀武术时，手执双刀的一方以勇猛刚强有力的动作，通过深扎根、雷公压顶、通天击门、千斤挟胰、黑蛇出洞、恶鬼开路等动作，扑向握着钱铃者，佯击对方身体各部位；而持钱铃者则通过千斤顶棒、猛龙开路、雷击破山藤、金兵封门、穿山甲钻洞、公狗射尿等动作，灵巧、敏捷地躲避执双刀者的进攻。表演的双方进退有度，动作矫健有力、舒展大方。

2. 老铳射击

老铳，也称猎枪、火枪。黎族人称老铳射击为“打红”。据有关学者考证，南北朝时期，汉商从岛外贩来大量老铳，黎族人采取以物易物的方式取得。它一般长约 1.45 米，主要部件是铁管、木柄、扳机、管套和舂药铁杆，不轻不重，常以碎锅片、铁丸、铁砂等入弹。它用扳机打击引火点，枪管内的火药一旦燃烧就会集中火力，“嗵”的一声，将子弹发送出去，射程虽然不远，但可以一射百发，杀伤面较大。它的到来，极大地提高了原始性的狩猎效果，所以黎族人纷纷抢购。为了获得一支枪管一斤火药原料，人们不惜用较为昂贵的物品去交换，故有“一只水牛一支管，十斤山兰一斤药”的说法。

早期，人们用老铳作为狩猎和防御不法侵害者的武器，无论上山或下山，无论有事没事，只要出门就会随身携带，以备临用。在历代抗击入侵列强的战争中，它成了最紧要的战斗武器。

老铳射击比赛也是锻炼人的目测力和定力的体育活动，深受男人们的喜爱。农闲时，人们往往以村为单位进行比赛。比赛时，各村都会汇集一处，宰牛杀猪，然后割下它们的膀胱，将其吹至气球一般大，系在高高的树梢上。各村选派出神枪手，拿着自备的老铳，按规定站在一定的距离，对准膀胱射击。射击姿势不限，但每支枪只准装单丸弹，每个选手只限打三枪。由于射程较高远，又有风吹草动，不容易打中，所以人们一般会选择比较大粒的铁砂入弹，加大火药用量。打中者（以打破膀胱为准）的奖赏相当可观，不是一条大牛腿，就是带有排骨的大猪腿。打中者可以让家人先将奖品拿回家，他自己则与众多的选手在野外吃肉喝酒，猜谜对歌，一醉方休。

有的地方不用膀胱，而是射击红纸靶。先在红纸上画成 7～10 环的靶，10 环为靶心，然后贴到村外的一处比较安全的陡坡中间。射手们站在 60 米以外的地方瞄准射击。这种射击一般选择圆形的铁丸入弹，火药量适中。每人打一张红纸靶，也只限打三枪。三枪连中靶心的，就成为人们公认的神枪手，奖品是一担山兰谷子、一大坛酒和一

猎枪　（奥雅摄）

只鸡；两枪打中靶心的，奖品是一小坛酒和一只鸡，一枪打中靶心的，奖品是一只鸡，没有打中靶心的，下次再来。

老铳是杀伤性较强的武器，对人及野生动物均不利。到了现今，为了安全起见，政府已全部收缴。老铳射击这一竞技活动只能成为不再重复的历史了。

三、源于宗教信仰的竞技

舂米舞，也称杵舞，是妇女们在传承先祖的舂米举动过程中逐渐发展形成的一种体育舞蹈。百越族（包括黎族）流传着这样一个传说：远古时，天很低，好比一口大锅倒扣在人们头上，而天空上又有两个争先运行的太阳，人类如同在火炉里烘烤，苦不堪言。有位聪明的姑娘，约请同伴们上房顶和着整齐的节奏举杵击臼。平日骄横跋扈的太阳，从来没有见过这样摄人心魄的挑战，一根根猛烈的杵木犹如锋利的竹矛，斜插天空，杵臼相击如同石雷爆炸，发出震耳欲聋的巨响，一个太阳吓得抱头鼠窜，一个太阳还不明白怎么一回事，就被迅雷不及掩耳的长杵捅下来了。在妇女普通劳动工具——杵的威慑之下，低垂的蓝天往上猛然收缩，形成今天这个样子，天上的太阳也只剩下一个而不显得太热了。可以说，有了对于先祖的创世奇迹的崇拜才有了舞蹈，有了舞蹈才可能有神（鬼）人合一的艺术追求。操杵舂谷子的舞蹈，舞者环绕臼具，一边踏步作歌，一边举杵敲击臼底、臼壁、臼沿，形成清浊各异、高低不同的音色和节奏的律动效果。舞者的弓身、直立、拱膝、甩臂等变化动作和节奏以及相互之间的默契配合，使得欢快的情绪融入舂米的劳动之中。它的动作最大的特点是不断地反复，但在舞蹈时并不会觉得枯燥，这种反复其实是群体意志的一种锤炼。这种锤炼虽然没借助于大幅度夸张的动作，但那种整齐均衡的节奏也能够体现出群体顽强坚毅的力量。

四、源于健身娱乐的竞技

1. 打狗归坡

相传，很久以前，有一个英俊勇敢的黎族青年猎手，饲养了一只心爱的猎狗。为了提高猎狗捕捉猎物的本领，他时常带上猎狗到野外去进行抛物追寻训练。久而久之，在野地放牛的孩童也带上自家的狗来模仿，并与青年猎手和他的狗成为了好朋友。他们时常与狗在一起进行竞抢抛物嬉戏，后来就仿照“抛物驯狗”的方法，创兴起一种叫“赶狗归坡”的游戏。

这游戏类似曲棍球。农闲时，为了举办这个活动，人们上山砍来呈“L”型的树枝做成击球棍，球则用椰子叶或稻草编织而成。比赛的场地一般选择在收割后宽阔的田野。比赛时，人们先把稻田的稻草铲除干净，把坑坑洼洼的地方填平，然后用石灰粉划出大约宽 20 米、长

80 米的场地，中间处划一条中心线，再在中心线的中心处挖一个直径 10 厘米、深 10 厘米的小坑，作为放球之用。古时，球是用椰子叶编成小于现代排球的圆状球体，内有空心，不轻不重，后来发展到稻草编成没有空心的具有一定重量的圆状球体，再后来发展到用渔网的轻木圆形浮子代替。场地也在逐步变化，原来的田地变成坡地，坡地后来变成足球场，而且由于受到足球的启发而增设了球门。比赛时，分为两队，一般每队 5 人，每人手里执着长约 1.3～1.5 米的“L”型棍棒。比赛有公证人主持，有异乡请来的裁判员。比赛规定，不准在空中击球，不准在高出人腿部位挥棍，不准两个人用棍棒挟着球跑到对方底线。比赛一开始，裁判员走到放球的小坑处，看定双方队员的布阵，便挥手一声令下，双方队员便互相击球竞逐。这种竞技有危险的地方，就是用力挥棍击球时容易打到对方或是自己队员的脚，因此，在比赛之前，人们都会在脚上绑紧厚树皮。这种树皮柔软耐打，不易伤及腿脚，所以，队员们可以放开手脚竞技。比赛时间长短由双方事先商定，哪方把球击过对方底线（或球门）就得一分，积分多者为胜。比赛结束后，奖罚非常分明，负方队员必须背上胜方队员离场，让胜方队员在背上兴高采烈地喊叫，或者必须四肢伏地爬行，让胜者骑在背上挥舞着棍棒、吆喝着退场，故名为“赶狗归坡”。

2. 竞走

黎族的传统竞走，与现代田径的竞走方式类似，但它别具一格，风趣异常，有着浓郁的民族特色。它与现代田径的竞走的不同在于内容可分为穿针竞走、点火竞走、倒立竞走和单脚竞走等。倒立竞走和单脚竞走本来不算竞走，但黎族人把它们归为一类，一旦比赛，全类皆出，总称为竞走运动。

穿针竞走，即规定参赛者手里拿着数枚针与数条线，在限定的距离和时间内，一边竞走一边穿针。这个运动是检验人的眼、手、脚的灵敏度。竞走本来就已经让身体扭动不稳，还要求穿针引线，针眼那么小，手又那样动，那是何等的艰难。所以，要达到高水平拿到冠军，平时就得加倍苦练眼、手、脚的配合本领。这个项目一般是细心的女性参赛者为多，粗心的男人大多望而却步。

点火竞走，是检验人的眼力和动作速度的一种比赛，男女老少皆宜。农闲时节，人们会在比较宽敞的房前屋后的地上或桌子上摆放两行以上的蜡烛，然后规定参赛者在短时间内用火柴点着蜡烛，点着多支蜡烛者为胜。这个运动可以运用左右手，但是不能停下竞走姿态，稍许停下步子就会被取消比赛资格。因此，参赛者会一下子集中好几根火柴，点燃后，一边低身竞走，一边点燃蜡烛。此种动作扭腰低腿，诙谐有趣。

倒立竞走，即以手代脚的行走。它是一种检验人的手臂支撑能力的有难度的比赛。参赛者一般是具有强大臂力的年轻人。它有主持人和裁判员，由主持人发出口令，裁判员看表，口令一出，选手即刻双手着地倒立（有的地方还规定用红布捆住双脚），伸直合并双脚，以手撑地面出发，以到达终点线的时间长短来决定名次。

单脚竞走，是检验人的腿脚弹跳力和冲击力的一种比赛。比赛的跑程一般在 60～100 米，一端为起跑线，另一端为终点线。裁判员发出“预备”一声，参赛者就得抬起一边腿双手抱紧；等到裁判员发出“放”一声，参赛者就得立即抱腿往前跳跃，以到达终点线的长短时间来决定名次。过去，此运动的风俗规定不得半途而废，如果半途而废就会使得胜者当年种粮歉收，因此，族人约定，半途而废者必须送一担谷子给得胜者。